피지컬 AI와 법

AI문고

인공지능 시대입니다. 기계가 인간의 인지를 대신하고, 사물이 인간을 통하지 않고 다른 사물과 직접 커뮤니케이션합니다. 이에 따른 인간 삶과 문명 변화를 정확히 이해·예측·대응하는 것은 이 시대 우리 모두의 과제입니다. AI문고는 인공지능 기술과 환경의 여러 주제를 10가지 키워드로 정리합니다. 관련 개념과 이론, 학계와 산업계의 쟁점, 우리 일상의 변화를 다룹니다. 인간과 기술의 현재, 미래를 세심히 분석합니다.

일러두기

- 인명, 작품명, 저서명, 개념어 등은 한글과 함께 괄호 안에 해당 국가의 원어를 병기했습니다.
- 외래어 표기는 현행 어문규정의 외래어표기법을 따랐습니다.

처음이세요?

전문가세요?

피지컬 AI와 법

김윤명

대한민국, 서울, 커뮤니케이션북스, 2025

피지컬 AI와 법

지은이 김윤명
펴낸이 박영률

초판 1쇄 펴낸날 2025년 11월 21일

커뮤니케이션북스(주)
출판 등록 2007년 8월 17일 제313-2007-000166호
02880 서울시 성북구 성북로 5-11
전화(02) 7474 001, 팩스(02) 736 5047
commbooks@commbooks.com
www.commbooks.com

ISBN 979-11-430-1070-4 03500

책값은 뒤표지에 표시되어 있습니다.

차례

로봇의 또 다른 모습, 피지컬 AI

논의의 필요와 접근 방식

피지컬 AI(physical AI)는 더 이상 SF 영화의 장치가 아니다. 자율주행차가 도로를 달리고, 배달 로봇이 인도를 움직이며, 돌봄 로봇이 고령자를 상대하는 지금, 인공지능은 소프트웨어에 머무르지 않고 물리 공간을 점유하며 사실상 사회적 행위자로 기능하고 있다. 이러한 현실은 전통적인 법률 체계가 상정하지 못했던 문제들을 일상적으로 제기하고 있다. AI가 사고를 내면 누가 책임지는가? AI가 촬영한 영상에 나도 모르게 내 얼굴이 찍혔다면 내 권리는 어떻게 보호받는가? 이제는 '기계'가 아니라 '작동하는 존재'로서 AI를 새롭게 정의해야 할 시점이다.

현행 법체계는 기술의 파편적 기능에 따라 사후적 대응을 해 왔지만, 피지컬 AI는 다양한 법령 간 충돌을 발생시키며 통합적 규율을 요구하고 있다. 도로교통법, 제조물책임법, 개인정보보호법, 의료기기법 등 복수의 법률이 한 AI 시스템에 중첩되어 적용되며, 책임 주체는 기획자 · 개발자 · 제조자 · 운용자 · 사용자 등 다층적으로 분산된다. 그러나 이 중 누구도 명확하게 규율되지 않기에, 시민은 위험을 감수한 채 불확실한 기술을 받아들여야 하는 구조에 놓여 있다.

피지컬 AI는 단지 기술이 아니라 사회 시스템과 규범의 구조를 바꾸는 전환점이다. 우리는 AI를 둘러싼 법적 책임의 공백, 프라이버시 침해의 일상화, 윤리 기준의 모호성에 대해 더 이상 방치할 수 없다. 법은 기술의 속도를 쫓기만 해서는 안 되며, 그 자체로 기술 사회에서 인간 존엄과 권리를 수호하는 기준이 되어야 한다. 특히 피지컬 AI는 생명 · 신체 · 생활 공간에 직접 개입하기 때문에, 규범적 개입의 우선순위가 높다.

이러한 배경 속에서 피지컬 AI를 규율하는 새로운 법적 언어와 정책 체계의 재정립이 시급히 요구된다. 우리는 기술이 가져올 이익만큼이나, 그것이 초래할 수 있는 위험과 불평등에 대해서도 구조적으로 대비해야 한다. 단순한 규제는 기술을 위축시키고, 무제한의 자유는 인권 침해를 정당화할 수 있다. 따라서 법은 기술의 발전과 사회적 안전, 민주적 통제의 균형점 위에 서야 한다.

이 책은 이러한 필요성에 기반해 피지컬 AI라는 물리적 존재로서의 인공지능이 사회와 법제에 던지는 질문

들을 총체적으로 다룬다. 단순히 법령을 나열하는 데 그치지 않고, 기존 개념과의 충돌, 책임 분산의 현실, 프라이버시 및 존엄권의 재정립, 그리고 새로운 규제 거버넌스 체계까지 함께 고찰한다. 이는 단지 법의 문제가 아닌, 기술 사회에서 인간과 사회가 어떻게 재구성되어야 하는지에 대한 근본적 사유의 시작이다.

이 책은 기술 개발자의 입장뿐만이 아니라, 시민과 법률가의 시선에서 피지컬 AI의 법적 쟁점을 조망한다. 기술의 내부 구조나 기능적 분석보다는, 그것이 어떻게 사회에서 작동하고 법적 관계를 형성하는지에 주목한다. 즉, 기술 그 자체가 아닌, 기술이 만들어 내는 '관계', '위험', '책임', '권리'라는 키워드를 중심에 두고 서술을 구성했다.

전체 구성은 AI 기술의 실체가 등장하는 '현장' 중심으로 짜였다. 자율주행차, 돌봄 로봇, 배달 드론처럼 물리적 공간에서 활동하는 AI 사례를 축으로, 그것이 기존 법제와 어떻게 충돌하는지를 살펴보고, 새로운 규범적 틀을 제시하는 형식이다. 이론적 해석과 실무적 적용을 병행하며, 독자들이 정책 설계와 법률 실무에 바로 활용할 수 있도록 구성했다.

접근 방식의 핵심은 '법의 재구성'이다. 기존의 법 제도가 산업 중심, 소프트웨어 중심으로 구성되어 있다면, 이 책은 피지컬 AI라는 실체적 주체를 기반으로 법적 구조를 다시 설계할 필요성을 강조한다. 책임의 구조, 안전 규제, 프라이버시 보호, 통합 거버넌스 등은 개별 입법이 아니라 유기적 체계 속에서만 효과적으로 작동할 수 있기 때문이다.

또한 기술 진화의 속도를 고려하여, 경직된 법률보다는 유연한 규범 체계, 예측 가능한 법적 기준, 반복 가능한 정책 프레임워크를 제안하는 데 집중했다. 이를 위해 국제 비교법, 윤리적 기준, 정책적 실험 사례 등도 적절히 인용해 국내 제도 개선의 방향을 제시한다.

끝으로, 이 책은 전문가뿐 아니라 시민 독자를 대상으로도 쓰였다. AI는 더 이상 전문가의 전유물이 아니며, 우리의 일상과 권리를 구성하는 사회적 인프라다. 법학자이자 시민의 시선에서, 기술과 규범의 간극을 메우는 '이해 가능한 서술'을 통해 AI 시대의 새로운 사회 계약을 고민하고자 한다.

기계가 걷기 시작할 때: 피지컬 AI 시대의 법을 다시 묻는다

우리는 어느 날 갑자기 기계와 함께 걷고 있다. 자율주행차가 신호등 앞에서 멈추고, 배달 로봇이 보도를 따라 주행하며, 돌봄 로봇이 노인의 곁에서 약 복용을 챙겨 준다. 더 이상 인공지능은 스크린 속 텍스트나 이미지로만 존재하지 않는다. 피지컬 AI는 물리적 공간을 점유하며, 인간의 행동과 권리를 재구성하는 기술적 실체로 등장했다.

그러나 이 거대한 변화에 대해, 우리 법은 침묵하고 있다. 자율주행차가 사고를 내면 누가 책임을 지는가? 로봇이 촬영한 영상에 내 얼굴이 담기면 어떤 권리를 주장할 수 있는가? 기계의 오작동으로 장애인이 상해를 입었을 때, 우리는 제조사의 결함을 어떻게 입증할 것인가? 피지컬 AI가 만들어 낸 법적 진공 지대는 점점 더 커지고 있다.

기존 법체계는 물건, 사람, 정부라는 전통적 범주에 기초해 작동해 왔다. 하지만 피지컬 AI는 '행위하는 기계', '판단하는 시스템'이라는 중간적 존재로서, 이 경계를 흐리고 있다. 민법상 물건인가, 준행위자인가? 제조물책임법이 소프트웨어 결함까지 포괄할 수 있는가? 우리의 법적 언어는 새로운 기술 앞에서 말을 잃는다.

특히 피지컬 AI는 단순한 도구가 아니다. 그들은 환경을 감지하고, 의사 결정을 수행하며, 때로는 인간보다 더

정확하고 빠르게 행동한다. 문제는 그 결과가 인간의 신체, 재산, 프라이버시에 직접적인 영향을 미친다는 점이다. 기술의 정교함이 높아질수록 그 법적 책임은 더 불투명해진다. 기계의 자율성이라는 말은 종종 '누구의 책임도 아니다'라는 말로 귀결된다.

이 책은 그런 무책임의 공간을 메우기 위한 시도다. 자율주행차 사고의 책임 귀속, 돌봄 로봇의 존엄권 침해, 드론의 공공장소 점유 문제, 전자 인격 도입 논쟁 등, 각 장은 기술적 현상이 아니라 법적 문제로서 기술을 다룬다. 법은 기술의 속도를 따라잡지 못한다는 흔한 푸념 대신, 법이 기술을 어떻게 이해하고 구조화할 것인가를 묻는다.

그러나 법률 하나로 이 문제를 해결할 수는 없다. 제조사 책임을 강화하면 기술 혁신이 위축되고, 사용자 책임으로 돌리면 피해자 구제는 불가능해진다. 영상 정보 보호를 강조하면 AI의 인식 정확도가 떨어지고, 이를 허용하면 감시 사회가 일상이 된다. 법은 늘 균형을 요구한다. 이 책은 그 균형을 어디에 설정해야 하는지, 법정이 아닌 사회 전체가 논의해야 한다고 말한다.

그 중심에는 '사회적 거버넌스'가 있다. 기술 기업, 정부, 시민, 법률가가 함께 참여하는 다층적 규제 구조 없이는 피지컬 AI 시대를 관리할 수 없다. 기존처럼 부처별로 쪼개진 규제, 형식적인 안전 기준, 사후적 손해 배상 시스템으로는 기계가 만든 결정의 복잡성을 따라잡을 수 없다. 우리는 이제 새로운 거버넌스를 설계해야 한다.

동시에 규제는 유연해야 한다. 기술은 빠르게 변하고, 법은 느리게 진화한다. 그래서 적응적 규제(adaptive regulation)는 오늘날 가장 실효성 있는 법적 대응 방식이 된다. 적응적 규제는 기술, 시장, 사회 환경의 빠른 변화에 유연하게 대응하기 위해 설계된 규제 방식으로, 고정된 규칙이 아니라 상황의 변화에 따라 규제 내용을 조정하거나 발전시키는 체계를 말한다. 고정된 조항이 아니라, 위험 기반의 조건부 인증, 사전·사후 점검, 실증 기반 입법이 그것이다. 피지컬 AI는 법을 실험의 대상이 아닌, 동적 제도로 바꾸기를 요구한다.

이제 우리는 기술을 두려워하거나 무조건적으로 수용하는 태도에서 벗어나야 한다. 기술을 시민의 권리와 공존시키는 방식으로 다시 설계해야 한다. 법은 그 중심에 있어야 한다. 법은 더 이상 기술의 방파제가 아니라, 기술 사회의 설계자여야 한다.

기계가 인간처럼 걷기 시작했다. 우리는 그 기계와 같은 길을 걷되, 같은 규칙 위에서 걷기 위해 법을 다시 써야 한다. 이것이 《피지컬 AI와 법》이 제안하는 새로운 사회 계약이다.

이 책의 구성 및 선정 이유

이 책은 총 10장으로 구성되며, 피지컬 AI의 정의에서부터 책임, 권리, 거버넌스까지 기술 사회 전반을 아우르는 법적 구조를 분석한다. 제1장은 피지컬 AI의 개념과 법적 분류를 다루며, 전통적 물건 개념과 행위자성 개념의 충돌을 다룬다. 이어 제2장부터 제5장까지는 자율주행차, 돌봄 로봇, 드론 등 각 사례별로 법적 책임 구조, 민형사적 쟁점, 프라이버시 문제를 검토한다.

제6장에서 제9장까지는 제도적 대응을 중심으로 한다. 여기서는 제조물책임법의 확장 가능성, 전자 인격 논의, 보험 제도 설계, 안전 인증 체계 등의 제도 설계 방안을 제시하며, 제10장은 전체 규제 거버넌스 구조를 통합적으로 재설계하는 제언으로 마무리된다. 기술과 법이 함께 진화해야 한다는 문제의식을 기반으로, 각각의 장은 실제 정책과 입법에 바로 적용 가능한 구조로 서술되어 있다.

각 장은 현상－개념－쟁점－사례－해석－제도화라는 구조를 따라 구성되었으며, 독자는 특정 사안에서 발생하는 실무적 문제부터, 이를 통해 도출되는 법철학적 질문까지 유기적으로 연결된 흐름 속에서 읽을 수 있도록 설계했다. 이는 기술 사회에서 '현장 중심의 법'이 왜 필요한지를 체험하게 만드는 방식이기도 하다.

자율주행차 사고 책임은 기술과 법의 충돌을 가장 대표적으로 보여 주는 사례로, 운전자-제조사-AI 시스템 간 책임 귀속 문제는 미래 교통 법제의 핵심이다. 이 주제는 보험, 손해 배상, 형사 책임 등 다층적 논점이 얽혀 있어, AI 법제의 출발점으로 선정했다.

돌봄 로봇과 의료 로봇의 법적 책임은 인권과 복지의 관점에서 피지컬 AI를 접근하는 중요한 사례다. 취약계층과의 상호 작용에서 발생하는 존엄권 침해, 과실 책임, 법적 보호 기준 설정은 고령화 사회에서 시급한 문제다. 배달 로봇 · 드론의 공공장소 활용은 도시 공간과 법의 새로운 긴장을 보여 준다. 자율 이동체가 도로, 보도, 공원 등을 점유하면서 발생하는 안전 · 소음 · 프라이버시 문제는 공간법과 도시 정책 전반에 영향을 미친다.

제조물책임법의 적용 범위 재설정은 소프트웨어와 하드웨어가 결합된 AI 시스템에서 '결함' 개념을 어떻게 새롭게 정의할 것인가라는 실무적 과제를 던진다. 이는 기존 민사 책임 구조를 재구성할 필요성과도 직결된다.

전자 인격 논의는 AI에 책임을 부여할 수 있는가라는 철학적 질문이자, 법적 도구의 설계 가능성에 대한 탐색이다. 이는 법의 주체 개념 자체를 재구성해야 하는 과제로, 학계와 입법부 모두가 주목하고 있다.

프라이버시 침해와 정보주체성은 감시 사회의 일상화 속에서 가장 실질적인 권리 침해로 이어지는 지점이다. AI가 수집하는 영상, 음성, 위치 정보의 법적 관리 구조는 AI 시대의 핵심 인권 문제다.

보험 및 배상 제도 설계는 피지컬 AI 도입으로 불확실해진 손해 귀속 문제에 대한 해결책을 제시한다. 피해자 구제와 기술 발전을 동시에 고려하는 사회적 안전망이 요구되는 상황에서 정책적 중요성이 크다.

안전 인증 및 사전 허가 체계는 AI 기기의 사전 점검과 위험 분류 체계를 통해 사회적 수용 가능성을 높이는 제도적 장치다. ISO, IEC 등 국제 표준과 국내 제도 간의 접점도 중요한 논점이다.

이질적 규제 간의 충돌 조정 및 통합 거버넌스 구축은 기술 규제 패러다임의 전환을 상징한다. 산업 · 교통 · 프라이버시 · 의료 등 분야별 단절적 규제 대신, AI 중심의 통합적 제도 설계가 필요하다.

적응적 규제(adaptive regulation)는 기술 변화의 불

확실성에 대응하는 미래지향적 법제 모델이다. 법의 유연성과 예측 가능성을 동시에 확보하는 규범 설계는 디지털 헌법 질서 수립의 관건이 된다.

이 책에서 논의되는 것도 다양한 의견 중 하나로, 언젠가 기술 발전과 사회적 합의를 통해서 답을 만들어 갈 수 있기를 희망한다.

01
피지컬 AI란 무엇인가?

일반적인 AI가 가상 공간에서 텍스트, 이미지, 데이터 분석 등의 결과물을 산출한다면, 피지컬 AI는 실세계에서 직접적인 작용을 통해 물리적 결과를 야기하는 '행위하는 기계'로서 존재한다.

기후 위기와 인공지능?

'피지컬 AI'의 개념과 범위: 소프트웨어 AI와의 구분

피지컬 AI(Physical AI)는 인공지능 기술이 단순히 정보 처리나 의사 결정 지원에 머무르지 않고, 물리적 환경에서 자율적으로 움직이며 행동하는 시스템을 말한다. 이는 로봇 팔, 자율주행차, 드론, 배달 로봇 등과 같이 인공지능이 물리적인 장치와 결합된 형태로 구현되며, 인간과 유사한 방식으로 세계에 작용할 수 있는 능력을 가진다. 일반적인 AI가 가상 공간에서 텍스트, 이미지, 데이터 분석 등의 결과물을 산출한다면, 피지컬 AI는 실세계에서 직접적인 작용을 통해 물리적 결과를 야기하는 '행위하는 기계'로서 존재한다.

이러한 구분은 기술적 차원을 넘어서 법적 규율의 기준점이 된다. 예컨대 소프트웨어 AI는 그 결과가 주로 무형의 정보에 머무르기 때문에, 저작권법이나 정보통신망법의 적용을 받는 경우가 많다. 반면 피지컬 AI는 물리적 충돌, 재산 피해, 생명 신체의 위험 등 실질적 법익 침해가 발생할 수 있어 민법, 형법, 제조물책임법, 도로교통법 등 다양한 실정법이 동시에 적용된다. 따라서 피지컬 AI는 법 제도 설계에 있어 독자적 규율 영역으로 구분될 필요가 있다.

실제 적용 사례를 살펴보면 피지컬 AI는 다양한 형태로 일상에 스며들고 있다. 자율주행차는 도로에서 사람을 대신해 운전하고, 드론은 물류 배송과 감시 임무를 수행하며, 돌봄 로봇은 고령자의 신체 활동을 지원하고, 배달 로봇은 공공장소에서 음식이나 물건을 운반한다. 이들은 단순한 장비를 넘어 자율적인 판단 능력과 행동력을 바탕으로 사회적 행위를 수행하고 있으며, 그로 인해 법적 책임과 권한의 범위에 대한 논의가 본격화되고 있다.

기존 법체계에서는 이러한 기계를 민법상 '물건'으로 간주해 왔다. 즉, 피지컬 AI는 재산권의 객체로서 누군가의 소유하에 있는 대상물일 뿐, 그 자체로 권리나 책임의 주체가 아니다. 그러나 이들은 단순한 도구를 넘어서 인간의 개입 없이도 판단과 실행을 반복하는 자율적 주체로 기능한다. 이처럼 '도구'와 '행위자' 사이의 경계가 모호해지면서 전통적인 법 개념과 충돌이 발생하고 있다.

가장 큰 충돌 지점은 책임 귀속 문제에서 발생한다. 피지컬 AI가 독자적인 판단을 통해 타인에게 손해를 입힌 경우, 이를 제조자의 책임으로 귀속할 것인지, 사용자의 과실로 볼 것인지 혹은 AI 자체에 일정한 책임 구조를 설계할 수 있을 것인지가 쟁점이 된다. 이러한 논의는 법이 전제로 삼는 '인간 중심 책임주의' 체계와의 충돌을 불러오며, 법률은 새로운 행위 주체에 대한 분류와 해석을 요구받고 있다.

따라서 법제화 이전의 준비 단계에서는 기술의 실체를 올바르게 반영할 수 있는 개념 정비가 선행되어야 한다. '지능형 로봇', '자율 로봇', '피지컬 AI' 등 다양한 정책 어휘가 혼용되고 있는 상황에서, 법적 분류와 규제 체계 설계를 위해 용어를 통일하고, 법령에 반영할 수 있는 규범적 명명을 정립하는 작업이 필요하다. 지능형로봇법이라는 법률에서 피지컬 AI로 대별되는 지능형 로봇에 대해 정의하고 있다. 즉, 동법에서는 지능형 로봇을 "외부 환경을 스스로 인식하고 상황을 판단해 자율적으로 동작하는 기계 장치"로 정의한다. 여기에서 기계 장치의 작동에 필요한 소프트웨어를 포함한다. 이처럼 용어의 명확한 정의는 입법의 정합성과 정책 효과성을 동시에 확보하기 위한 기초 작업으로, 과학기술계와 법조계 간의 협업이 요구된다.

실생활 적용 사례: 자율주행차, 드론, 돌봄 로봇, 배달 로봇

피지컬 AI는 더 이상 실험실 속 개념이 아니다. 이미 우리 일상에서 다양한 형태로 구현되고 있으며, 실세계의 다양한 공간을 점유하고 있다. 특히 자율주행차, 드론, 돌봄 로봇, 배달 로봇은 대표적인 사례로, 이들은 기존 산업 구조는 물론 공공 안전과 법적 질서 전반에 변화를 야기하고 있다. 기술적 발전 속도가 빠른 만큼, 이들 각각의 작동 방식과 법적 특성은 세밀하게 구분되어야 한다.

자율주행차는 AI가 주행 환경을 인식하고, 경로를 설정하며, 돌발 상황에 자동 대응하는 기술 집합체다. 이 차량은 단순한 '자동차'가 아니라, 센서와 알고리즘, 클라우드와 연계된 복합 네트워크 시스템이다. 교통사고 시의 책임, 교통 법규 준수, 인간 운전자의 개입 여부 등에서 기존 법 제도의 해석이 어렵거나 충돌하는 지점이 발생하고 있다. 자율주행차는 차량 그 자체만이 아니라 운행 소프트웨어, 지도 데이터, 통신 시스템 전체가 하나의 법적 규율 대상이 된다.

드론 역시 피지컬 AI의 핵심 사례다. 군사용 · 산업용에서 민간용 · 레저용으로 급속히 확장된 드론은 물류, 재난 대응, 건설 감시 등에서 널리 활용되고 있다. 그러나 드론은 공중을 통해 사람과 공간을 넘나들며 작동하므로, 항공안전법, 전파법, 개인정보보호법 등 다양한 규제가 동시에 작동하게 된다. 특히 공공장소에서의 무단 촬영, 고도 제한 위반, 사고 시 책임 소재 등은 현행 규범으로는 충분히 포섭되기 어려운 영역이다.

돌봄 로봇은 고령자나 장애인을 대상으로 한 피지컬 AI의 대표 사례로, 복지와 의료 영역에서 기술의 사회적 활용을 실현하고 있다. 이들은 약 복용 알림, 낙상 감지, 대화 기능, 간단한 심부름 등의 역할을 하며 인간의 돌봄 노동을 보완한다. 그러나 돌봄 로봇이 제공하는 서비스가 의료적 판단을 수반하거나 신체 접촉을 포함하는 경우, 의료법, 보건의료기기법, 개인정보보호법의 적용 가능성이 대두된다. 아울러 이용자의 오인이나 의존으로 인한 법적 책임 귀속 문제도 새롭게 제기된다.

배달 로봇은 공공장소에서 사람이나 물건을 운반하는 방식으로 피지컬 AI가 도시 환경에 통합되는 예를 보여준다. 배달 로봇은 보도와 차도를 넘나들며 자율적으로 이동하나, 이로 인해 보행자와의 충돌, 교통 체증 유발, 공간 점유 문제 등 다양한 사회적 이슈가 발생한다. 특히 도시계획법상 공공 공간의 이용 허용 범위, 통행권 침해 여부, 상업 활동의 적법성 등 기존 법체계가 예상하지 못한 새로운 법적 해석이 요구된다.

결국 이들 네 가지 사례는 피지컬 AI가 '기술'이 아니라 '사회적 행위자'로 기능하기 시작했음을 보여 준다.

이들은 산업과 시장의 문제를 넘어, 공공질서, 공간 정의, 개인의 안전과 권리에까지 영향을 미치며, 기존 법령의 보완과 새로운 법 제도의 설계를 동시에 요구한다. 이와 같은 적용 사례는 피지컬 AI에 대한 종합적 규제 거버넌스를 구축할 필요성을 분명히 드러낸다.

민법상 물건으로 볼 것인가, 행위자적 성격이 있는가

현행 민법상 인공지능이 장착된 피지컬 AI는 원칙적으로 '물건'으로 분류된다. 즉, 사람(자연인 · 법인) 외의 모든 것은 권리 · 의무의 주체가 아니라 객체로서 취급된다. 로봇, 드론, 자율주행차 모두는 법적으로는 일종의 기계 장치일 뿐, 권리를 갖거나 법적 책임을 질 수 있는 존재로 간주되지 않는다. 이는 법의 구조상 '주체'는 행위 능력과 의사를 가진 인간 또는 법인으로 제한되기 때문이다.

그러나 피지컬 AI가 현실에서 보여 주는 자율성과 판단 능력은 단순한 객체로 취급하기 어려운 사례들을 낳고 있다. 예컨대 자율주행차가 운전자의 명령 없이 주변 상황을 인식해 자동으로 속도를 줄이고 회피 기동을 수행하거나, 돌봄 로봇이 노인의 움직임을 감지하고 응급

연락을 발신하는 경우, 이는 기존 기계의 수동성 범위를 넘어선 행위로 평가될 수 있다. 따라서 이러한 시스템을 단순한 물건으로 간주하는 것은 현실의 기술적 성취와 괴리를 보인다.

행위자성(agency)에 대한 법적 인식은 점차 요구되고 있다. 즉, 피지컬 AI는 인간의 명시적 지시 없이 상황을 해석하고, 내부 알고리즘을 바탕으로 결정을 내리며, 물리적으로 행위하는 존재라는 점에서 일정한 자율적 '행위자'로 이해될 수 있다는 것이다. 이러한 관점은 단순한 개념 규정을 넘어서, 법적 책임 구조에도 직접적인 영향을 미친다. 과거에는 인간이 도구를 통해 행위를 했으나, 이제는 도구 자체가 인간의 개입 없이 '결정'하고 '작동'하는 국면에 진입했다.

문제는 이러한 행위자성이 법률적으로 어떻게 귀속되어야 하는가에 있다. 전통적으로는 인간-기계의 도식 속에서 사용자의 책임, 제조자의 책임, 혹은 관리자의 책임으로 환원되었으나, AI의 행위가 예측 불가능하거나 복합적 요소로 인해 책임의 단일 귀속이 어려운 경우, 행위자성 자체를 고려한 새로운 책임 모델이 필요하다는 주장이 나온다. 특히, AI의 '자율적 판단'이 일정한 결과를 초래했다면, 그 판단의 법적 지위를 평가하는 기준이 필요하다.

이러한 논의는 국제적으로도 활발히 이루어지고 있으며, 유럽연합(EU)에서는 '전자적 인격'(electronic personhood)이라는 개념이 일부 논의되고 있다. 이는 법인격처럼 AI에도 일정한 법적 지위를 부여해 책임 귀속을 용이하게 하려는 시도다. 다만 이는 법인과는 달리 실질적 권리 능력과 행위 능력을 갖춘 실체가 아닌 만큼, 아직은 이론적 가능성에 머무르고 있다.

따라서 현재 단계에서 피지컬 AI를 민법상 '물건'에 고정시키는 것은 기술 발전 속도를 따라가지 못하는 규범적 경직성을 초래할 수 있다. 법적 제도의 설계는 AI의 행위자적 성격과 인간의 통제 가능성 사이에서 균형을 모색해야 하며, '기계이자 행위자'라는 이중적 특성을 반영한 복합적 지위 설정이 필요하다. 이는 피지컬 AI의 본질에 대한 정확한 이해를 전제로 해야 하며, 법적 현실과 기술적 진실을 조화롭게 연결하는 시도여야 한다.

전통적 법률 개념과 피지컬 AI의 충돌 지점

법은 본질적으로 안정성과 예측 가능성을 지향하기 때문에, 기존의 개념과 체계를 바탕으로 새로운 현상을 해석하려는 경향이 강하다. 그러나 피지컬 AI의 등장은 법이 전제해 온 많은 개념들, 예를 들어 '고의와 과실', '사용자와 도구', '행위와 책임' 등에 직접적인 도전을 가하고 있다. 이는 단순한 신기술의 등장 그 이상으로, 법질서의 근본 구조에 영향을 미치는 패러다임의 전환이라 할 수 있다.

첫 번째 충돌 지점은 책임 귀속 방식이다. 민법과 형법은 인간이 행위의 주체이며, 그의 고의 또는 과실에 따라 법적 책임이 결정된다는 전제를 가진다. 그러나 피지컬 AI는 사람의 명시적 지시 없이도 환경을 인식하고, 상황에 따라 다양한 방식으로 대응한다. 이 과정에서의 사고나 피해에 대해, 기존 법은 사용자나 제조자에게 책임을 전가하는 방식 외에는 대응 방식을 갖추고 있지 않다. 문제는 이 전가가 항상 정당하거나 기술 현실과 부합하지 않는다는 점이다.

둘째, '행위'의 개념 자체가 흔들리고 있다. 전통적인 법에서 의미하는 행위란 인간의 의사 결정이 반영된 의도적 동작이며, 이는 의사와 신체의 결합을 통해 나타난다고 전제한다. 하지만 자율적 피지컬 AI는 인간의 개입 없이도 행위를 '산출'할 수 있으며, 이는 기존 법리에서 정의된 행위 개념에 포섭되지 않는 경우가 많다. 예컨대, 자율주행차의 급제동이나 회피 기동이 과실인지 정당방위인지, 아니면 단순한 시스템 반응인지를 평가하는 데

전통적 기준은 불충분하다.

셋째, 사용자와 도구의 관계에 대한 전통적 정의도 도전을 받고 있다. 지금까지 기계는 인간의 지시나 조작에 따라 움직이는 수동적 존재로 인식되어 왔다. 그러나 피지컬 AI는 오히려 사용자보다 먼저 상황을 인지하고, 사용자보다 빠르게 판단해 행동한다. 이러한 존재를 과연 '도구'로 규정할 수 있는지, 아니면 독자적인 행위 단위로 간주할 것인지는 법적으로 매우 중요한 문제이며, 각국 입법자와 학계는 여기에 대해 다양한 입장을 내놓고 있다.

더욱이 계약법 영역에서도 혼란은 커진다. 예를 들어, AI가 자율적으로 계약을 체결하거나 제3자와 상호 작용해 일정한 법률 행위를 유발할 경우, 이는 대리 행위인가, 자동화된 수행인가, 아니면 전혀 새로운 형태의 행위인가? 전통적으로는 행위자의 의사 표시가 없으면 계약이 성립할 수 없으나, AI의 알고리즘은 명시적 의사 없이도 결과를 산출한다. 이처럼 행위 주체성의 해석은 사법 전반에 걸쳐 복합적 혼란을 유발하고 있다.

결국, 피지컬 AI는 기존의 법 개념에 대해 '수정'이 아닌 '재구성'을 요구한다. 그것은 도구도 인간도 아닌 새로운 법적 존재의 출현에 대한 제도적 응답이기 때문이다. 단기적으로는 책임 귀속, 행위성 해석, 사용자 의무 강화 등을 통해 대응하겠지만, 장기적으로는 AI를 포함한 행위 단위의 법적 모델을 새롭게 정립해야 할 시점이다. 이는 단순한 기술 법제화가 아니라, 법의 존재론적 구조에 대한 성찰과 설계라는 더 넓은 과제를 내포하고 있다.

개념 정립과 정책용어의 통일 필요성

피지컬 AI에 대한 법적 규율을 수립하기 위해서는, 기술의 실체에 부합하는 개념 정비와 함께 정책 어휘의 정합성 확보가 선결되어야 한다. 현재 '피지컬 AI', '자율로봇', '지능형 로봇' 등 다양한 용어가 혼용되고 있으며, 이는 입법 및 정책 설계에 혼선을 유발하고 있다. 앞서 논의한 바와 같이, '피지컬 AI'는 소프트웨어 AI와 구별되는 물리적 행위 주체로서의 특징을 갖지만 이러한 기술적 실체가 정책 문서나 법령에서는 통일되지 않은 언어로 표현되고 있다.

이러한 용어상의 불일치는 법령 간 해석 충돌은 물론, 안전 기준 설정, 규제 대상 식별, 책임 귀속 기준 등 핵심 요소에서 예측 가능성을 저해한다. 따라서 법령과 행정지침, 기술 표준 간의 연계를 위해 범부처 협의를 통한 용어 통일 작업이 필요하다. 기술 유형 분류, 자율성의 등급화, 공간 점유 기준 등 세부적 분류 기준도 함께 마련되어야 한다. 특히, 기술 중립적이면서도 법적 함의를 포괄할 수 있는 용어 선택이 중요하다.

더 나아가 개념 정비는 사회적 수용성을 위한 언어 전략이기도 하다. 돌봄 로봇, 배달 로봇 등과 같은 기술은 단지 법적 객체로서가 아니라 시민의 일상에 개입하는 주체로 기능하기 때문에, 그 명칭 자체가 시민의 감정, 정책의 정당성, 산업계의 수용성에 영향을 미친다. '피지컬 AI'라는 용어를 표준화하려면, 과학기술계 · 법조계 · 정책 담당자 간 협업이 필요하며, 단지 법적 명확성뿐 아니라 윤리적 서사와도 조화를 이루어야 한다.

02
자율주행차 사고의 법적 책임 귀속

자율주행차에서는 인간이 운전을 '직접' 하지 않거나, 운전이 인간의 통제를 벗어나 자동으로 이루어지는 경우가 많아진다. 이에 따라 사고 원인에 대한 규명이 기술적으로 복잡하고, 법적으로도 기존 책임 법리로는 포섭이 어려운 상황이 반복되고 있다.

노래하는 AI 보컬?

사고 시 운전자, 제조사, AI 시스템 개발자 간의 책임 분배

자율주행차 사고가 발생했을 때, 법적으로 가장 먼저 마주하게 되는 문제는 '누가 책임을 져야 하는가'다. 기존 교통사고에서는 인간 운전자가 운전의 주체였기 때문에, 민법상 과실 책임이나 형법상 과실 치사 혐의 등의 판단이 명확했다. 그러나 자율주행차에서는 인간이 운전을 '직접' 하지 않거나, 운전이 인간의 통제를 벗어나 자동으로 이루어지는 경우가 많아진다. 이에 따라 사고 원인에 대한 규명이 기술적으로 복잡하고, 법적으로도 기존 책임 법리로는 포섭이 어려운 상황이 반복되고 있다.

이러한 현실 속에서 자율주행차 사고의 법적 책임 분배는 크게 세 축인 운전자, 제조사, AI 시스템 개발자 간의 조정 문제로 귀결된다. 우선 운전자는 여전히 차량 내에 탑승하고 있으며, 도로교통법상 '차량을 통제할 수 있는 자'로서 일정한 책임을 부담하는 것이 원칙이다. 하지만 자율주행 레벨이 높아질수록 운전자의 개입 여지가 줄어들고, 그에 따라 운전자의 책임이 점차 제한되거나 면책될 가능성도 커진다. 이에 따라 운전자 책임을 기술 수준에 따라 차등화하는 입법이 검토되고 있다.

제조사는 하드웨어와 센서, 제어 장치 등의 물리적 장

치를 제작한 주체로서, 사고가 장비의 결함이나 유지 관리 실패로 발생한 경우 제조물책임법(Product Liability Act)에 따라 책임을 질 수 있다. 이 경우, 피해자는 제조자의 과실을 입증할 필요 없이 '결함'이 존재하고 '인과관계'가 인정되면 손해 배상을 청구할 수 있다. 그러나 AI 차량의 오작동이 단순한 기계적 결함이 아니라 소프트웨어상의 판단 오류에 기인하는 경우, 제조사와 소프트웨어 개발자 간의 책임 분리가 필요해진다.

AI 시스템 개발자는 자율주행 알고리즘을 설계 · 개발 · 업데이트하는 주체로서, 특히 기계 학습 방식으로 학습된 주행 판단 알고리즘이 잘못된 판단을 내려 사고를 유발한 경우 법적 책임이 쟁점이 된다. 이때 소프트웨어 자체의 '버그'인지, 설계 당시 예상 가능한 위험에 대한 대비 부족인지, 데이터 학습 과정의 편향인지 등에 따라 책임 구조가 달라질 수 있다. AI 개발자는 일반 제조자와는 달리 결과의 '예측 가능성'이 낮다는 점에서 책임 범위 설정이 더욱 까다롭다.

이러한 다층적 책임 구조에서는 '복합 책임' 또는 '공동 책임' 모델이 적용될 수밖에 없다. 예컨대, 운전자가 경고 신호를 무시한 과실, 제조사의 센서 결함, 소프트웨어 개발자의 판단 알고리즘 오류가 동시에 작용한 경우,

각자의 기여도를 어떻게 평가하고 손해액을 어떻게 분담할 것인지가 핵심 쟁점이 된다. 우리 민법상 불법 행위와 관련해 공동책임(제760조) 또는 사용자책임(제756조) 규정이 준용될 수 있으나, 자율주행이라는 특수성을 고려한 별도의 입법이 필요하다는 지적도 제기된다.

궁극적으로 자율주행차 사고의 법적 책임 분배는 기술의 자율성, 인간의 통제 가능성, 예측 가능성이라는 세 기준에 따라 설계되어야 한다. 책임 주체 간의 구분과 함께, 각 주체가 지는 의무와 주의 기준을 구체화하는 것이 중요하다. 이를 위해서는 '사전적 위험 분석'과 '사후적 원인 규명'이 함께 작동할 수 있는 법적 구조가 필요하며, 민사 책임과 보험 제도, 행정적 제재가 유기적으로 연계되어야 한다. 법은 기술 변화 속에서도 정의롭고 명확한 책임 질서를 유지할 수 있어야 한다.

자율주행 레벨에 따른 책임 귀속의 차등 적용 가능성

자율주행 기술은 미국자동차공학회(SAE)가 제시한 레벨 0부터 레벨 5까지의 체계로 분류된다. 이 구분은 자율주행 시스템이 운전의 어느 정도를 담당하는지를 기준으로 한다. 레벨 0~2는 인간이 주체가 되고, 시스템은 보조 역할만 하며, 레벨 3부터는 특정 조건에서 시스템이 주행을 주도한다. 특히 레벨 4와 5는 인간의 개입 없이도 차량이 완전 자율적으로 운행할 수 있음을 의미한다. 이와 같이 기술 수준의 차이는 법적 책임 귀속 방식에도 차등 적용될 수밖에 없다.

레벨 0~2의 경우 운전자가 항상 도로 상황을 주시하고 차량을 제어할 의무가 있다. 이 경우 자율주행 시스템의 개입은 단순히 운전 보조에 그치므로 사고 발생 시 기존 도로교통법과 민법상 운전자 책임이 원칙적으로 유지된다. 따라서 운전자의 과실 여부가 사고 책임 판단이 핵심이 되며, 제조사나 소프트웨어 개발자의 책임은 극히 제한적으로만 논의된다.

반면 레벨 3부터는 상황이 달라진다. 이 수준부터는 시스템이 판단을 내리고 운전을 수행하는 범위가 넓어지며, 인간은 긴급 상황에만 개입하는 구조가 된다. 그러나 이 '조건부 자율'은 법적으로 책임 분배를 더욱 모호하게 만든다. 예를 들어 시스템이 위험을 감지하지 못한 상황에서 운전자가 즉시 개입하지 못했다면 이는 누구의 과실로 봐야 할까? 법은 기술적 제한, 경고 시스템의 작동 유무, 개입 시간의 적정성 등을 종합적으로 고려해야 한다.

레벨 4~5에서는 인간의 개입 자체가 필요 없으므로, 사실상 인간은 운전자가 아니라 승객으로 간주되어야 한다. 이 경우 사고가 발생하면 책임은 제조사, 시스템 설계자, 지도 정보 제공자 등 기술 제공 주체에게 전적으로 귀속될 가능성이 높다. 그러나 아직 이러한 고도화된 자율주행이 실생활에 완전히 적용되지 않았기 때문에 현행 법률은 이러한 책임 구조를 명확히 다루지 못하고 있는 실정이다.

법적 현실은 아직 자율주행 레벨에 따른 책임 차등화를 체계적으로 반영하지 못하고 있다. 도로교통법과 자동차손해배상보장법 등은 인간 중심의 교통질서를 전제로 설계되어 있으며 레벨별 기술 능력을 고려한 차등적 의무 설정이 미비하다. 이에 따라 자율주행 레벨과 책임 귀속 간의 연결고리를 명확히 규정하는 새로운 입법이 요구된다. 예를 들어 레벨별로 운전자의 주의 의무 수준을 차등화하거나 시스템 개입 수준에 따른 제조사 책임의 범위를 규정하는 것이 필요하다.

결론적으로 자율주행 레벨은 기술적 분류인 동시에 법적 책임의 핵심 기준이 되어야 한다. 레벨에 따라 기대 가능한 인간의 통제력과 기술의 예측 가능성이 다르기 때문에 이에 상응하는 법적 대응이 마련되어야 형평성과 정의가 확보된다. 피지컬 AI와 같은, 기술 발전과 함께 동적으로 작동하는 법률 체계가 요구되는 시대다.

현행 도로교통법과 자동차손해 배상보장법의 적용 한계

현행 도로교통법은 운전자가 교통의 주체임을 전제로 설계되어 있으며, 차량의 통제 및 판단에 대한 주체를 오로지 '사람'으로 본다. 이에 따라 자동차가 자율적으로 판단하고 운행하는 자율주행 시스템은 기존의 법규 틀 안에 적절히 포섭되지 못하는 문제가 발생한다. 도로교통법 제2조 제24호는 '운전자'를 차량을 운전하는 사람으로 명시하고 있으며 이는 시스템의 운전 행위를 법적으로 인정하지 않는 구조다.

이러한 규정은 자율주행차가 사고를 일으킨 경우, 인간이 직접 운전하지 않았더라도 인간 운전자에게 모든 책임을 지우는 결과를 초래할 수 있다. 특히 차량에 탑승한 운전자가 시스템을 신뢰하고 조작을 위임한 상태였다면 실질적으로 통제권을 행사하지 않았음에도 불구하고 법적으로는 '운전자'로서 책임을 져야 하는 불합리가 발생한다. 이는 기술의 발전과 법의 정합성이 충돌하는 대표적 사례다.

자동차손해배상보장법(이하, '자동차배상법'이라 함)도 마찬가지로 인간 운전자의 과실을 중심으로 책임 귀속 구조가 설계되어 있다. 자율주행차 사고의 경우, 해당 법률은 피해자 보호를 위해 운행자 책임을 우선 적용하나, 시스템에 의한 운전이 대세가 되면 과연 '운행자'의 개념을 어떻게 재정의할 것인가가 문제된다. 운행자가 차량 소유자인지, 탑승자인지, 혹은 시스템 운영자인지에 따라 전혀 다른 결론이 도출될 수 있다.

또한 자동차배상법은 '운행 중 발생한 사고'에 대해 보험을 통해 보상하도록 규정하고 있으나, 자율주행 시스템의 판단 오류나 통신 오류로 인한 사고는 기존의 '기계적 결함' 범주에 포함되지 않는 경우가 많다. 이러한 사각지대는 향후 피해자 구제에 큰 걸림돌이 될 수 있다. 예컨대 AI 업데이트 오류로 인한 사고가 기계적 고장인지, 설계 오류인지 판단하기 어려울 경우, 보험사가 책임을 회피할 여지가 존재한다.

현재 일부 입법에서는 이를 보완하기 위한 시도가 진행되고 있다. 미국 일부 주, 독일, 일본 등은 자율주행차의 법적 운전자를 시스템으로 인정하거나 일정 조건하에서 제조사의 책임을 명시하는 법률을 제정하고 있다. 그러나 우리나라는 아직 이러한 전환적 법 개정을 본격적으로 추진하지 못하고 있으며, 규제 샌드박스를 통해 제한된 범위 내에서만 기술 실증을 허용하는 수준에 머물고 있다.

따라서 도로교통법과 자동차배상법은 자율주행이라는 새로운 기술 환경을 반영할 수 있도록 전면적인 구조 개편이 필요하다. 운전자의 정의, 운행자의 범위, 시스템의 책임 능력, 보험 적용 범위를 재정립함으로써, 사고 발생 시 책임의 공백 없이 피해자를 실질적으로 보호할 수 있어야 한다.

차량 내부 탑재 소프트웨어의 오류와 결함 개념의 적용

자율주행차 사고의 주요 원인이 소프트웨어 시스템의 판단 오류로 인한 경우, 해당 소프트웨어의 법적 지위와 오류 개념에 대한 해석이 중요해진다. 전통적인 자동차 사고는 브레이크 고장, 타이어 결함 등 기계적 문제에 기인했으나, 자율주행 시대에는 알고리즘 오류, 센서 정보 해석 실패, 클라우드 연결 오류 등 소프트웨어적 원인이 주요 책임 요소로 대두된다. 문제는 현행 법령이 이와 같은 '무형적 결함'에 대한 규정과 책임 기준을 명확히 갖추지 못하고 있다는 점이다.

현행 제조물책임법은 '제품의 결함'을 물리적 하자나 조립 불량, 경고 부족 등으로 정의하고 있으며, 이는 하드웨어 중심의 사고를 전제로 한다. 반면, AI 시스템의 오류는 데이터 학습의 편향성, 알고리즘의 불완전성, 소프트웨어 업데이트의 미비 등에서 발생할 수 있어, 이들을 '결함'으로 보아야 하는지에 대해 해석의 논란이 있다. 또한 AI의 판단은 특정 상황에서만 나타나는 예외적 결과일 수 있어 일관된 기준 마련이 쉽지 않다.

소프트웨어 오류에 대한 책임 규정은 사고 발생 시 '예견 가능성'과 '방지 가능성'을 핵심 기준으로 판단해야 한다. 즉, 개발 당시 예측 가능한 위험이었는지, 해당 오류를 막을 수 있는 기술적 조치가 있었는지, 제조사 또는 개발자가 충분한 경고와 설명을 했는지를 기준으로 판단한다. 이는 의료 과오, 설계상의 불비 등과 유사한 책임 구조를 참고할 수 있다.

특히 자율주행 시스템은 통상적인 제품과 달리, 출시 이후에도 지속적으로 업데이트되고 학습하는 특성을 가진다. 이 경우 초기 출시 시점의 상태만으로 책임을 판단하기 어렵고, 사고 당시의 소프트웨어 상태, 업데이트 주기, 클라우드 연결 정보까지 종합적으로 고려해야 한다. 즉 '시점적 책임'과 '변화 가능성'을 반영한 새로운 법적 평가 체계가 필요하다.

또한 제조사와 소프트웨어 개발자가 분리된 경우, 책임 귀속 문제가 복잡해진다. 소프트웨어 회사는 코드 수준에서 문제를 예측하지 못했을 수 있고, 제조사는 이를 제대로 통합하지 않았을 수도 있다. 따라서 사고 원인 분석 체계의 정밀화와 더불어, 계약 구조상 책임 분담 기준을 명시하는 것이 중요하다. '공동 책임 구조' 또는 '기여도에 따른 배상 분담 체계' 마련이 필요하다.

결국 자율주행 소프트웨어의 결함을 법적으로 인정하려면 기존 하드웨어 중심의 법리를 넘어, '지능형 시스템'에 대한 독자적 결함 개념을 정립해야 한다. 이를 통해 기술 특성을 반영한 새로운 판단 기준을 마련하고 피해자 구제와 기술 발전 간의 균형을 이룰 수 있을 것이다.

다중 사고 또는 예외 상황에서의 법적 판단

자율주행차는 인간보다 빠른 반응 속도와 정밀한 운전이 가능하지만, 예외 상황이나 극단적 선택을 요하는 상황에서는 오히려 인간보다 더 취약할 수 있다. 예컨대 정면충돌을 피하기 위해 인도로 돌진해야 하는 상황, 아이와 노인 중 누구를 피할 것인가를 선택해야 하는 윤리적 딜레마 상황에서는 기술이 어떤 판단을 하느냐가 중대한 법적 쟁점이 된다. 이처럼 다중 피해자 또는 회피 불가능한 사고에서의 판단 기준은 법적으로도 매우 민감하다.

먼저 피할 수 없는 사고의 경우 '최선의 피해 최소화'를 원칙으로 한 판단이 정당화될 수 있는가가 쟁점이다. 자율주행 알고리즘은 위험 상황에서 도덕적으로 최선의 결정을 하도록 설계될 수 있으나, 이는 결국 개발자의 가치관이 코드화되는 문제를 야기한다. 결과적으로 피해자가 특정 그룹으로 편중되는 결과가 반복될 경우, 차별이나 인권 침해 이슈로 이어질 수 있다.

다중 사고에서 법은 '기계의 판단'을 인간과 동일한 책임 기준으로 적용할 수 있는지 검토해야 한다. 예컨대 사고를 회피하다가 더 큰 피해를 유발한 경우, 인간의 운전이었다면 '과실' 또는 '불가항력'으로 평가되지만, AI의 판단은 설계 오류인지, 부작위인지, 정당한 알고리즘 작동인지 여부가 불분명하다. 따라서 기존 법리로는 충분한 해석이 어렵고, AI의 결정 구조와 선택 알고리즘을 전면 검토하는 별도의 법적 평가 기준이 필요하다.

이러한 상황은 제조물책임법뿐 아니라 형사 책임 및 국가 책임, 보험법 영역까지 영향을 미친다. 보험사 입장에서는 사고의 원인이 기술적 불가항력인지, 설계상의 오류인지에 따라 보험금 지급 여부가 달라진다. 특히 다수 피해자가 발생하는 사고에서 손해액 산정과 책임 주체 구분이 어려워질 경우, 신속하고 공정한 피해 구제를 위한 특별법 제정이나 공공 기금 설립 논의도 필요해진다.

기술적으로도 윤리적 딜레마에 대응하기 위한 '윤리 알고리즘' 개발이 시도되고 있으나 법적으로 이를 정당화하기 위한 기준은 여전히 모호하다. 윤리적으로 정당한 판단이 법적으로 정당하다는 보장이 없으며, 각국의 법 문화와 사회적 가치에 따라 정반대의 결과를 낳을 수 있다. 이는 자율주행차의 글로벌 규제 조화 과정에서도 중요한 쟁점으로 작용할 것이다.

결국 예외 상황에서의 판단 기준은 단지 기술 문제나 책임 분배의 문제가 아니다. 그것은 사회가 어떤 가치를 우선시할 것인가에 대한 집단적 결정이며, 법은 이를 공정하고 예측 가능하게 설계해야 한다. 따라서 사고 회피 기준, 윤리적 판단의 투명성, 법적 책임의 한계 설정을 포함한 새로운 규범 체계가 마련되어야 한다.

03
돌봄 로봇, 의료 로봇 등 취약 계층 대상 AI의 법적 쟁점

돌봄 및 의료 로봇의 사용은 인간의 삶을 편리하게 할 수 있지만, 그 전제는 프라이버시와 존엄의 보장이다. 기술의 윤리적 설계, 동의 기준의 정비, 감시와 돌봄의 경계 설정은 로봇 시대에 인간의 권리를 지키는 핵심 축이며, 이는 단순한 개인 정보 보호를 넘는 인권 보장의 문제로 다뤄져야 한다.

인공지능과 편향?

고령자, 장애인 등 보호대상자와 AI의 상호 작용에서 발생할 수 있는 문제

돌봄 로봇과 의료 로봇은 고령자, 장애인, 중증 질환자 등 취약 계층의 일상생활을 지원하고 돌봄 노동을 보완하는 데 있어 획기적인 기술로 각광받고 있다. 이들은 약 복용을 알리거나, 낙상을 감지하거나, 말벗 역할을 하며 정서적 안정에 기여하기도 한다. 하지만 취약 계층은 일반 이용자보다 인지 능력이나 판단력, 반응 속도 등에서 제한이 있을 수 있으므로, 로봇과의 상호 작용에서 발생하는 문제는 일반 이용자보다 더 높은 법적 · 윤리적 민감도를 갖는다.

가장 기본적인 문제는 사용자의 '의사 능력'이다. 고령자나 인지 장애인의 경우, 로봇의 안내나 지시에 대해 이를 올바르게 이해하거나 판단하지 못할 수 있다. 예컨대 음성 안내로 약을 복용하라는 지시에 따라 과다 복용을 하거나, 낙상 후 잘못된 판단에 따라 스스로 움직이려다 부상을 악화시키는 경우가 있을 수 있다. 이때 로봇의 작동이 정상적이었더라도 그 대상이 '취약 계층'이라는 점에서 법적 책임이 달라질 수 있다.

또한 돌봄 로봇은 사용자의 신체 가까이에서 작동하며, 때로는 신체 일부를 지지하거나 잡는 등의 물리적 접촉을 유발한다. 이러한 상황에서 신체적 상해가 발생하거나, 민감 정보가 의도치 않게 수집·전송되는 경우, 이는 단순한 하드웨어 결함이나 통신 오류의 문제가 아닌 '법적 침해'로 이어질 수 있다. 특히 로봇이 작동하는 환경이 병원, 요양 시설, 자택 등 사적 공간일수록 인격권·프라이버시 침해 가능성은 더욱 심각하게 평가될 필요가 있다.

이와 관련해 보호자 또는 시설 운영자의 '사전 설정' 책임도 중요하다. 취약 계층이 스스로 설정하거나 조작하기 어려운 경우, 로봇은 제3자의 설정 값이나 프로그램 기준에 따라 작동하게 된다. 이 경우 설정자가 부주의하거나 로봇의 사용 목적과 맞지 않는 작동 조건을 설정했다면 사고 발생 시 해당 설정자의 과실이 문제될 수 있다. 결국 사용자와 로봇 간 상호 작용의 안전성은 단지 기술 문제가 아니라 법적 책임 주체의 구체화와 관리 체계 설정에 관한 문제로 귀결된다.

AI의 판단 오류가 발생했을 때, 그 오류가 고의·과실이 아닌 통계적 예외나 학습 데이터의 불완전성에서 비롯되었다면 제조사나 개발자의 책임 범위는 어디까지로 설정되어야 할까? 특히 취약 계층 대상 로봇의 경우, 사회적으로 '위험의 분산' 원칙에 따라 책임을 보다 엄격하게 물어야 한다는 주장도 가능하다. 이는 제조물 책임법의 보상주의 원칙과도 연결되며, 형식적 결함 여부를 넘어 사용자 특성을 반영한 실질적 책임 판정이 필요하다는 논거가 된다.

종합적으로 돌봄 로봇과 의료 로봇은 단순한 기계나 도구의 범주를 넘어, 인간과 긴밀한 상호 작용을 전제로 한 '준의료적 행위자'로 기능하고 있다. 특히 취약 계층과의 상호 작용에서 발생하는 위험은 기술이 아닌 인간의 권리에 대한 문제이며,법은 이러한 맥락을 반영해 책임 구조와 안전 기준, 권리 보호 장치를 정교화해야 한다. 취약 계층 대상 AI는 기술 윤리와 복지 정책, 사법 보호 체계가 만나는 복합적 접점 위에 놓여 있다.

로봇 사용자의 과실과 기계 결함의 경합 관계

AI 기반 돌봄 로봇이나 의료 로봇을 사용하는 과정에서 사고가 발생할 경우, 문제는 단순히 기계의 결함 때문인지, 아니면 사용자의 과실이 원인이었는지 판단하는 것이 핵심이다. 특히 취약 계층의 경우, 사용 설명서나 지침을 완전히 이해하지 못한 채 사용하거나 예상치 못한 방식으로 로봇과 상호 작용하는 경우가 많다. 이로 인해 사고 원인을 특정하기 어렵고, 책임 귀속도 복합적으로 전개되는 경향이 있다.

이러한 경우 기존의 제조물책임법은 제품에 '결함'이 있었는지를 중심으로 판단한다. 결함이 입증되면 제조자는 과실 유무와 상관없이 손해 배상 책임을 지며, 피해자가 고령자나 장애인이라면 그 입증 책임조차 완화될 여지가 있다. 그러나 만약 사용자가 지침에 반하는 방식으로 로봇을 사용했거나, 명백한 사용 부주의가 있었다면, 제조자의 책임이 제한되거나 사용자의 자기 책임 원칙이 적용될 수 있다.

문제는 이러한 과실의 인징 기준이 자의적 해석을 낳을 수 있다는 점이다. 예컨대, 노인이 로봇의 음성 지시를 오인해 움직이다가 넘어졌을 경우, 이를 '과실'로 볼 것인가, 아니면 '기계의 사용자 적응 실패'로 볼 것인가는 평가 기준이 나를 수 있다. 특히 인긴과 AI 간의 상호작용은 전통적 사용자-도구 관계와 달리, 해석 가능한 여지가 많아 책임을 이분법적으로 나누기 어렵다.

이러한 상황에서 실무적으로는 '과실과 결함의 경합'이라는 판단 틀이 필요하다. 즉, 사용자 과실이 일부 존재하더라도 시스템 설계상 그러한 오해나 오작동을 충분히 예견하고 방지할 수 있었는지를 함께 판단해야 한다. 이는 단순한 책임 배분을 넘어, AI 시스템이 사용자 특성과 상황을 얼마나 반영하고 있는지를 평가하는 규범적 기준이 된다.

특히 취약 계층의 경우, 사용자의 '정상적 기대 가능성'이 낮을 수 있다는 점에서 개발자는 평균적인 사용자보다 높은 보호 기준을 갖춘 설계를 해야 한다. 예를 들어, 사용자에게 명확히 음성 확인을 받는 프로세스를 추가하거나 위험 상황에서 자동 정지 기능을 강화하는 등, 사용자의 실수를 전제로 한 설계가 요구된다. 이러한 기술적 조치는 곧 법적 책임 완화를 위한 방어 수단이 되기도 한다.

결국 돌봄 로봇과 의료 로봇의 사고는 사용자 과실과 기계 결함이 독립적으로 존재하는 것이 아니라, 상호 작용과 경합 속에서 발생한다. 따라서 법적 판단은 단순 귀속이 아니라 상호 기여도와 예방 가능성, 사용자 특성까지 종합적으로 반영해야 하며, 이에 따라 입법적 · 정책적 기준이 구체화될 필요가 있다.

의료기기법 및 보건의료법과의 관계

의료 로봇이 병원 또는 재택 의료 현장에서 사용되는 경우, 해당 로봇은 '의료 기기'로서의 지위를 가질 수 있다. 이때는 의료기기법이 적용되어, 허가 · 신고 · 인증 등 사전 규제와 사용 중 안전 관리 체계가 작동한다. 그러나 돌봄 로봇이나 생활 보조 로봇 등은 명확히 의료 기기로 분류되지 않는 경우가 많아, 동일한 기능을 수행함에도 불구하고 전혀 다른 법적 통제를 받게 되는 불균형이 발생한다.

의료기기법상 의료 기기란 "사람이나 동물에게 단독 또는 조합해 사용되는 기구 · 기계 · 장치 · 재료 · 소프트웨어 또는 이와 유사한 제품"이다. 다만, 약사법에 따른 의약품과 의약외품 및 장애인복지법 제65조에 따른 장애인 보소 기구 중 의지(義肢) · 보조기(補助器)는 제외한다. 따라서 치료 목적이 명확한 수술용 로봇이나 진단 보조 AI는 의료 기기로 등록되지만 정서적 위로를 제공하거나 낙상 감지를 수행하는 돌봄 로봇은 해당되지 않을 수 있다. 이는 규제의 회피 수단이 될 수 있으며 사용자 보호의 사각지대를 초래할 수 있다.

보건의료기본법이나 의료법은 의료인의 자격과 의료 행위의 범위를 규정하고 있으나, 로봇이 직접 의료 행위를 수행하거나 판단을 대체하는 경우, 이를 '의료 행위'로 볼 수 있는지에 대한 법적 해석은 명확하지 않다. 특히 인공지능이 병을 진단하거나 투약 시점을 알려 주는 경우, 이는 의료인의 전문성과 충돌하거나 의료법 위반의 소지가 발생할 수 있다. 참고로 보건의료기본법상 보건 의료 서비스란 국민의 건강을 보호 · 증진하기 위해 보건 의료인이 행하는 모든 활동을 말한다. 따라서 국민 건강의 보호 · 증진을 위한 모든 활동은 보건 의료에 해당할 수 있다.

이러한 문제는 로봇을 사용하는 의료인의 책임 문제로도 이어진다. 의료인이 AI를 참고해 내린 판단이 오진으로 이어졌을 경우, 그 책임은 누구에게 귀속되는가? 법적 기준이 없으면 의료인은 기술 사용을 꺼리게 되며 이는 기술 발전을 저해하는 결과로 이어질 수 있다. 반대로 무분별한 기술 사용은 환자 안전을 침해할 수 있어 최소한의 기준과 가이드라인은 반드시 필요하다.

이에 따라 해외에서는 의료 AI의 법적 지위를 명확히 하기 위해 별도의 법률 또는 지침을 제정하고 있다. 미국 FDA는 AI 기반 의료 기기의 소프트웨어 업데이트 기준을 정하고 있으며, 유럽연합은 의료 기기 규정(MDR)을 통해 위험도 기반의 사전 허가 제도를 운용 중이다. 우리나라도 2024년 개정 의료기기법에서 일부 AI 시스템을 의료 기기로 포섭했지만 여전히 돌봄 AI와의 경계는 불분명하다.

종합하면 의료 로봇의 법적 지위는 의료기기법과 의

료법 간의 정합성과 명확한 구분이 전제되어야 하며 돌봄과 치료의 경계를 실질적으로 반영하는 기준이 필요하다. 이는 기술의 용도, 작동 방식, 사용자 범주 등을 기준으로 다층적으로 설정되어야 하며 새로운 기술에 맞춘 법 제도의 유연한 진화를 전제로 한다.

비의료인의 로봇 운용에 대한 법적 허용 범위

의료 로봇이나 돌봄 로봇은 병원뿐 아니라 요양 시설, 가정, 사회 복지 기관 등 다양한 공간에서 비의료인에 의해 사용된다. 문제는 이 과정에서 의료적 판단에 가까운 조작이 수행될 경우, 이는 불법 의료 행위에 해당할 수 있다는 점이다. 예컨대 특정 상태에서 약 복용을 지시하거나 생체 정보 분석을 통해 경고를 발신하는 기능을 비의료인이 제어하는 경우가 대표적이다.

현행 의료법 제27조는 '의료인이 아닌 자는 의료 행위를 할 수 없다'고 규정하고 있다. 의료 행위의 정의는 판례에 따라 '의학적 전문 지식을 기초로 하는 판단이나 기술이 수반되는 행위'로 해석되므로 로봇이 특정한 진단을 하거나 처방을 대신할 경우, 이를 단순한 기술 행위로 볼 수 있을지는 불확실하다. 더 나아가 비의료인이 로봇의 진단 기능을 해석하거나 환자에게 설명하는 경우에도 법적 문제가 발생할 수 있다.

이러한 법적 불확실성은 로봇 사용을 위축시키는 요소로 작용한다. 돌봄 인력이나 간병인이 AI 로봇을 보조적으로 사용하는 것은 합리적이지만 이 로봇이 환자의 상태를 실시간 분석해 경고를 발하는 기능을 탑재하고 있다면 이 조작은 '의료 행위의 보조'로 확대될 수 있다. 결과적으로 기술 활용과 법령 위반 사이에서 현장의 불확실성이 커지고 있는 것이다.

이와 관련해 독일, 일본 등은 일정한 AI 보조 기능을 '비의료적 정보 제공 행위'로 분류하거나 '의료 외 조력적 기능'으로 한정하는 입장을 취하고 있다. 이는 AI의 역할을 보조 도구로 명확히 위치시키되, 인간 의료인의 판단 우선성을 확보하려는 조치다. 우리나라 역시 이런 방식의 제한적 합법화를 고려할 필요가 있다.

궁극적으로 필요한 것은 '비의료적 AI 운용 가이드라인'의 정립이다. 어떤 기능은 누구에 의해, 어떤 절차를 거쳐 작동되어야 하는지를 명확히 규정함으로써 사용자의 법적 안전을 확보하고 기술이 현장에 효과적으로 안착하도록 할 수 있다. 특히 돌봄 인력의 전문성이 다양한 현실에서 AI 사용의 범위와 책임 기준을 정하는 일은 더 이상 선택이 아니라 필수다.

결론적으로 로봇이 단순한 보조 기기에서 준의료적 도구로 기능하게 되는 현실에서, 비의료인의 운용 범위는 사회적 합의와 법적 기준 위에서 정교하게 조정되어야 하며 이를 통해 AI 기술의 안전하고 윤리적인 사용이 가능해질 것이다.

로봇 이용에 따른 프라이버시 및 존엄권 침해 가능성

돌봄 로봇과 의료 로봇은 사용자의 일상에 깊이 침투하는 방식으로 작동한다. 이들은 영상 및 음성 인식, 생체 신호 측정, 위치 정보 수집 등 다양한 센서를 기반으로 작동하며 그 과정에서 사용자의 민감 정보가 광범위하게 수집 · 저장된다. 이와 같은 작동 특성은 효율성과 편의성을 제공하는 동시에 프라이버시 침해와 존엄성 침해라는 새로운 법적 문제를 야기한다.

특히 고령자나 중증 장애인 등 보호 대상자들은 로봇을 통해 감시받는 경험을 일상적으로 하게 된다. 이는 때로는 낙상 방지, 돌봄 모니터링이라는 명목으로 정당화되지만 실질적으로는 '24시간 감시 체계'로 전락할 수 있다. 문제는 이러한 감시가 '동의에 기반한 것인지', 그리고 '동의의 질'이 적정한지 여부다. 인지 능력이 제한된 사용자에게서 획득한 동의가 법적으로 유효한지 여부는 매우 복잡한 문제다.

또한 영상과 음성은 타인에 대한 정보까지 수집할 수 있으므로 거주 공간을 함께 사용하는 가족이나 방문자의 정보도 비의도적으로 수집될 수 있다. 이는 단순한 개인정보보호법 위반을 넘어서 인격권 침해와 결합될 수 있다. 즉 로봇을 사용하는 환경에서는 일상적 '사생활의 권리' 자체가 잠식될 위험이 상존한다.

기술 개발자와 공급자는 이에 대해 프라이버시 보호 설계를 반드시 고려해야 한다. 예컨대, 영상 저장 방식, 데이터의 국외 전송 여부, 실시간 스트리밍 여부 등은 사용자의 동의 없이 불가능하게 설계되어야 한다. 또한 데이터 보관 기간, 접근 권한 설정, 익명화 기술의 적용 등 기술적 보호 조치를 강제하는 법제화가 필요하다.

존엄권의 문제도 중요하다. 사용자가 로봇에 의해 일상적으로 동작을 지시받거나 행동을 통제받는 경험은 인간의 자율성과 존엄을 침해할 수 있다. 특히 로봇이 감정 상태를 분석해 행동을 조정하거나, 규범적 판단을 내리는 경우, 이는 인권적 관점에서 기술의 한계를 명확히 설정할 필요가 있다. 로봇이 '위로'나 '돌봄'을 수행하는 것이 감정적 조작으로 변질될 가능성은 항상 경계되어야 한다.

돌봄 및 의료 로봇의 사용은 인간의 삶을 편리하게 할 수 있지만, 그 전제는 프라이버시와 존엄의 보장이다. 기술의 윤리적 설계, 동의 기준의 정비, 감시와 돌봄의 경계 설정은 로봇 시대에 인간의 권리를 지키는 핵심 축이며, 이는 단순한 개인 정보 보호를 넘는 인권 보장의 문제로 다뤄져야 한다.

04
배달 로봇, 드론의 공공장소 이용과 안전 규제

배달 로봇 · 드론은 보도, 도로, 도시 상공 등 공공 공간을 이용하며 일상 서비스로 진입하고 있지만 도로교통법 · 항공안전법 등 기존 규범은 이를 전제로 설계되지 않았다. 그 결과 안전 기준, 우선 통행권, 책임 귀속, 공공 공간 점유의 정당성 등이 불명확하며, 보행자(특히 장애인 등) 보호와 도시 계획, 보험 · 책임 구조를 포함한 통합 규제 체계의 정비가 요구된다.

청각장애인과 AI?

보도·도로에서의 자율 이동체 운행 허용 범위

배달 로봇과 자율주행 드론은 점점 더 일상적인 물류 수단으로 자리 잡고 있다. 그러나 이러한 자율 이동체가 보도나 도로를 활용하기 위해서는 기존 교통 체계와 규범에 조응하는 법적 근거가 필요하다. 현재 우리나라의 도로교통법은 차량과 보행자의 이분법적 체계를 유지하고 있어, 로봇이 보도를 주행하거나 횡단보도를 통과하는 행위에 대한 명확한 규정이 부재하다. 이는 자율 이동체가 도심 내에서 안전하게 운행되기 위한 법적 기반이 미흡하다는 것을 뜻한다.

보도를 주행하는 배달 로봇은 현행법상 보행자가 아니며 차량으로 보기에도 적절하지 않다. 이에 따라 로봇이 보도에서 보행자와 충돌하거나 사고를 유발하는 경우, 법적으로 운행 자체가 허용된 것인지부터 불명확한 상황에 직면하게 된다. 이러한 사각지대는 이용자뿐 아니라 개발사 및 운영사에게도 불안 요소로 작용하며 기술 상용화를 저해하는 원인이 된다.

일부 지방 자치 단체에서는 조례나 실증 특례 형태로 자율 이동체 운행을 한시적으로 허용하고 있으나 이는 국가 단위의 일관된 규제 체계와는 거리가 있다. 특히 보행자의 안전, 시각 장애인 보호, 유모차 이용자와의 충돌 방지 등 인프라 문제와 밀접한 연계가 필요한 만큼 단순히 '허용'의 문제를 넘어 종합적 제도 설계가 필요하다.

자율 이동체를 '보행 보조형 이동 기기' 또는 '저속 이동 기기'로 정의해 보도에서 일정 조건하에 주행을 허용하는 방안도 논의되고 있다. 그러나 이 경우에도 크기, 속도, 센서 범위, 경로 설정 방식 등에 대한 명확한 기준 설정이 병행되어야 하며, 이용자의 책임과 기기의 인식 능력에 따라 운행 허용 구간을 다르게 설정하는 방안도 고려되어야 한다.

또한 도로 주행이 가능한 배달 로봇이나 드론의 경우에는 일반 차량 및 보행자와의 혼재 상황을 피할 수 없기 때문에, 신호 체계, 우선 통행권, 정차 기준 등에서 법령 정비가 필요하다. 특히 로봇의 '자율 판단'이 법적 판단의 전제가 될 수 있는지 여부에 대한 규범적 해석도 병행되어야 한다.

결국 자율 이동체의 공공장소 운행은 단순한 기술의 문제가 아니라, 공공 공간의 구성 원칙과 인간 중심 안전 철학의 문제다. 이를 위해서는 이동체의 법적 지위 명확화, 주행 구역의 조건 설정, 시민권 보호를 위한 공론화 절차 등 다층적인 접근이 필수적이다.

항공안전법, 도로교통법, 전파법 등 다중 법률 간 충돌

배달 로봇과 드론은 물리적 세계를 주행하거나 비행하면서, 여러 법률의 적용 대상이 된다. 예컨대 지상에서는 도로교통법이, 공중에서는 항공안전법이, 통신에는 전파법이 각각 작동한다. 문제는 이러한 법률들이 각각 독립적으로 작동하면서, 동일한 행위에 대해 상충되는 규제를 부과하거나, 해석상의 공백을 초래할 수 있다는 점이다. 이러한 '다중 규제의 충돌'은 피지컬 AI의 안정적 운영을 가로막는 구조적 장벽이 되고 있다.

예를 들어 드론을 통해 배달을 수행하려면, 항공안전법에 따른 비행 허가와 항로 등록이 필요하다. 그러나 동시에 해당 드론이 주거 지역 상공을 비행한다면, 사생활 침해 문제로 인해 개인정보보호법과 충돌할 수 있다. 또한 영상 전송 및 실시간 위치 추적이 포함된 경우에는 전파법상의 무선국 허가 및 주파수 배정이 필요하다. 이는 기술적으로는 하나의 시스템이지만, 법적으로는 복수의 독립된 영역으로 취급되는 현실을 반영한다.

도로에서 주행하는 배달 로봇 역시 마찬가지다. 도로교통법은 자율주행차를 위한 일부 규정을 두고 있으나, 로봇의 경우 '차량'으로 보기 어렵고, 보행자도 아닌 중간 존재이기 때문에 포섭되지 않는 경우가 많다. 이로 인해 주행 허용 여부나 우선권 판단, 사고 발생 시 책임 소재에 대한 불확실성이 높아진다.

이러한 충돌은 단순히 행정 절차의 복잡성 문제가 아니라 규범적 기준의 불일치 문제로 이어진다. 예컨대 항공안전법은 '비행의 안전'을, 도로교통법은 '보행자의 안전'을, 전파법은 '통신의 질서'를 각각 우선시한다. 따라서 하나의 기술이 이 세 가지 원칙을 동시에 만족시키는 것은 실무상 거의 불가능하며 불가피하게 어느 한 가치를 희생하게 되는 구조다.

이를 해결하기 위해서는 '피지컬 AI 융합 규제 체계'가 필요하다. 단일 법률로 통합하기보다, 다중 법률 간 조율을 위한 특별법 또는 조정위원회, 통합 인허가 시스템 등을 도입하는 방식이 현실적이다. 이는 각 부처 간 협업과 정보 공유, 공통 기술 기준 설정 등을 포함하는 다차원적 구조를 의미한다.

결국 자율 이동체는 단순히 기기의 문제가 아니라, 국가의 규제 체계가 얼마나 융통성 있고 통합적인지의 시금석이다. 다양한 법령이 충돌 없이 작동하도록 조정하고 기술 진화를 반영할 수 있는 규제 구조를 구축하는 것이 국가 경쟁력과 기술 신뢰성의 핵심 과제가 된다.

배달 경로 중 제3자(보행자, 차량 등) 피해 발생 시 책임 귀속

배달 로봇이나 드론이 공공장소를 이동하던 중 제3자에게 피해를 입힌 경우, 그 책임이 누구에게 귀속되는가는 매우 현실적이고 핵심적인 법적 쟁점이다. 특히 자율적으로 판단하고 경로를 설정하는 기계일수록, 인간 운전자의 개입 없이 사고가 발생할 가능성이 높기 때문에, 전통적인 '가해자-피해자' 구조로 해결하기 어렵다.

우선 로봇이 보행자에게 상해를 입힌 경우, 해당 로봇이 어느 정도의 자율성을 갖고 있었는지에 따라 책임 주체가 달라질 수 있다. 운영자가 원격으로 제어하고 있었던 경우에는 민법 제750조에 따라 직접 불법 행위 책임이 성립될 수 있으나, 완전 자율주행이었고 예측 불가능한 환경 요인이 작용했다면, 책임을 전가하기 어려워진다.

이런 상황에서 제조물책임법상의 책임, 운행자의 주의 의무, 인공지능 알고리즘의 설계 책임 등 다양한 책임 요소가 교차하게 된다. 로봇이 갑자기 장애물을 인식하지 못하고 충돌했다면 센서 결함인지, 지도 정보 오류인지, 실시간 AI 판단의 실패인지가 판단의 기준이 된다. 문제는 이러한 기술적 원인을 입증하고 분류하는 데에 피해자 입장에서 상당한 한계가 존재한다는 것이다.

더욱 복잡한 것은 복수의 책임 주체가 존재하는 경우다. 예컨대 로봇은 제조사가 만들고, 배송 서비스 회사가 운영하며, 다른 업체가 AI 알고리즘을 개발했을 수 있다. 이 경우 과연 누구에게 어떤 법적 책임을 어느 수준으로 지울 수 있을 것인가? 명시적 계약이 없는 제3자 피해자인 시민 입장에서 이러한 구조는 '책임 부재'를 초래할 가능성이 크다.

이를 보완하기 위해 프랑스, 독일 등은 AI 기기의 공공공간 주행에 보험 가입 의무를 부과하거나, 일정 기준의 피해에 대해서는 운영자 또는 제조자가 무과실 책임을 지는 구조를 도입하고 있다. 이는 기술의 복잡성 속에서도 피해자의 신속한 구제를 보장하려는 정책적 장치다.

따라서 우리나라도 제3자 피해에 대해 원활한 책임 귀속이 가능하도록 법 제도를 정비할 필요가 있다. 특히 책임 주체를 포괄적으로 지정하고, 결함 입증 부담을 완화하거나, 공공 보상 기금 형태의 정책 도입을 고려함으로써 시민의 안전을 실질적으로 보호할 수 있어야 한다.

도시계획법 및 공간 규제와의 관계

배달 로봇과 드론의 상용화는 단지 기술 문제가 아니라, 도시 공간 구조와의 조화를 전제로 한다. 현재 도시계획법이나 건축법, 도로법 등은 로봇과 같은 자율 이동체가 사용할 수 있는 공간을 고려해 설계되지 않았다. 이에 따라 도심 내에서 로봇이 이동하거나 대기할 수 있는 공간, 충전 스테이션, 회수 거점 등을 설치하려 할 경우, 공간 용도 규제나 건축 규제와 충돌할 가능성이 높다.

예컨대 드론 배달을 위한 수직 이착륙장(vertiport)을 신축하거나 배달 로봇 전용 정차 공간을 확보하려 할 경우, 해당 공간이 주거 지역인지, 상업 지역인지에 따라 인허가 여부가 달라질 수 있다. 도시 계획상 용도 지역에 따라 자율 이동체 관련 인프라의 설치가 불가능한 경우도 있으며, 이는 기술의 확산과 실제 운영을 제약하는 구조적 요인이 된다.

또한 도시 환경은 물리적으로 복잡하다. 인도와 차도의 경계, 보도블록의 단차, 시각 장애인 유도 블록 등 물리적 설계는 인간 보행자를 전제로 구성되어 있어, 자율 이동체가 이를 인식하고 대응하기 위한 물리적 · 디지털 인프라가 부족하다. 이는 결국 기술의 도입을 넘어, 도시 구조 자체를 재구성해야 하는 도시 재생 및 공간 정책의 문제로 확장된다.

이를 위해 일부 선진국에서는 '로봇 친화적 도시 디자인' 개념이 등장하고 있다. 로봇 주행을 고려한 도로 설계, 로봇 충전기와 보관함 설치를 위한 법정 주차 공간 지정, 드론 비행을 위한 고도 지도 등은 그 예다. 우리나라도 이러한 흐름에 맞춰, 자율 이동체를 전제로 한 도시 계획 모델을 검토할 필요가 있다.

법 제도적으로는 국토계획법이나 건축법의 일부 조항을 수정해, 자율 이동체 관련 인프라를 도시 계획상 주요 시설로 포함시키는 방안이 검토될 수 있다. 또한 도시 재생 사업과 연계해 로봇 인프라의 파일럿 도입을 우선 적용하고, 그 성과를 바탕으로 단계적 확산을 도모하는 접근도 유효하다.

궁극적으로 자율 이동체는 도시 공간의 일부가 되어야만 실질적인 서비스로 작동할 수 있다. 기술과 도시 계획이 분리된 것이 아니라, 하나의 통합된 생태계로 설계되어야만 시민의 삶을 바꾸는 새로운 인프라가 될 수 있다.

민간 상업 활동에서 공공공간 점유의 법적 정당성

배달 로봇이 공공 도로, 보도, 공원 등에서 상업적 활동을 수행하는 경우, 그 공간 점유가 과연 정당한가에 대한 법적 물음이 제기된다. 공공 공간은 모든 시민이 자유롭게 이용할 수 있는 공간이며 상업 목적의 점유는 일반적으로 일정한 허가나 사용료 부과를 전제로 한다. 이에 따라 배달 로봇이 보도를 점유하면서 주행하거나 대기하는 행위는 사실상 공공 자원을 민간이 이용하는 셈이며 이에 대한 정당성과 공정성 확보가 필요하다.

현행 법제에서는 노점상이나 음식 트럭 등 이동형 상업 활동에 대해서는 명확한 허가 규정이 존재하지만, 로봇이나 드론과 같은 자율 이동체에 대해서는 이에 상응하는 규정이 미비하다. 로봇은 고정된 점포도 아니고 사람이 직접 운영하지도 않기 때문에 기존 규제 체계로는 포섭되지 않으며 이로 인해 공공 공간의 사적 이용이 무허가로 확산될 위험이 있다.

이에 따라 일부 지방 자치 단체는 조례를 통해 로봇의 도심 내 주행을 제한하거나 별도의 허가제를 도입하는 움직임을 보이고 있다. 그러나 전국적 차원에서는 이러한 규제가 체계적으로 정비되어 있지 않아 동일한 기술임에도 지역마다 상이한 규제가 적용되는 불균형이 발생하고 있다.

공공 공간의 상업적 점유는 결국 '공공성과 사익' 간의 조화 문제다. 로봇 배달이 시민 생활 편의를 높이는 공익적 효과를 가지더라도 그로 인해 일반 시민의 통행권이나 경관권, 안전권이 침해된다면 법적 균형이 무너질 수 있다. 따라서 이러한 기술의 운영은 반드시 공공적 원칙에 입각해 설계되어야 한다.

실무적으로는 로봇 운영 업체에 공공 공간 사용료를 부과하거나 이용 조건을 정한 인허가 제도를 마련하는 방안이 있다. 이는 노점상 허가제나 옥외 광고물 규제와 유사한 방식으로, 로봇의 크기, 속도, 이용 구역에 따라 차등 적용될 수 있다. 이를 통해 사적 영리 활동이 공공 공간을 과도하게 침범하지 않도록 견제할 수 있다.

결론적으로 배달 로봇이 공공 공간에서 운영되기 위해서는 단지 기술적 안정성만으로는 부족하며, 법적·사회적 정당성을 함께 갖춰야 한다. 공공성을 해치지 않으면서도 기술의 활용을 가능하게 하는 정교한 법제 설계가, 향후 자율 이동체의 사회적 수용성을 좌우할 핵심 요인이 될 것이다.

05
피지컬 AI와 제조물책임법의 적용 범위

피지컬 AI에 대한 제조물책임법 적용은 전통적 입증 구조로는 피해 구제가 어려우며, 기술 특성을 반영한 입증 책임 완화 또는 전환이 반드시 필요하다. 이는 제조자 책임을 과도하게 강화하는 것이 아니라, 정의로운 책임 분배와 피해 회복을 위한 법적 최소한의 조정이다.

AI 콘텐츠 크리에이터?

소프트웨어의 결함을 제조물책임법상 '결함'으로 볼 수 있는가

제조물책임법은 기본적으로 제조물의 결함으로 인해 생명·신체 또는 재산에 손해가 발생한 경우, 제조업자가 손해를 배상하도록 규정하고 있다. 하지만 AI를 탑재한 로봇이나 자율주행차처럼 소프트웨어 중심의 피지컬 AI는 단순한 물리적 기계 장치와 다르다. 특히 소프트웨어가 자율적으로 판단을 수행하며 학습에 따라 동적으로 변화하는 경우, 그 오류가 제조물의 결함으로 귀속될 수 있는지가 핵심 쟁점이다.

현행 제조물책임법은 하드웨어 중심의 제조물 개념을 전제로 하고 있으며 '결함'을 안전성의 결여로 정의하고 있다. 문제는 소프트웨어는 물리적 손상이 없고 외형상 이상이 없더라도 잘못된 명령이나 부정확한 판단으로 결과적으로 피해를 유발할 수 있다는 점이다. 이 경우에도 결함으로 평가할 수 있는지, 즉 '기능상 오류' 또는 '결정 알고리즘의 비정상적 작동'이 결함의 범주에 포함되는지가 쟁점이 된다.

대법원은 아직 소프트웨어의 결함만을 이유로 제조물책임을 인정한 판례는 없지만 학계와 실무에서는 AI 탑재 소프트웨어도 일정 요건을 충족하면 제조물로 간주할 수 있다는 입장이 늘고 있다. 특히 독일, 미국 등은 소프트웨어도 "독립적으로 작동하는 기능적 단위"이자 "상품 구성 요소"로 보고 있으며, 유럽연합은 디지털 콘텐츠를 명시적으로 제품 책임 대상에 포함하는 입법 개정을 추진 중이다.

이러한 흐름에 따라 피지컬 AI의 알고리즘, 소프트웨어, 데이터 설정 값 등이 결함 책임 판단에 포함되어야 한다는 입법론이 설득력을 얻고 있다. 예컨대, 자율주행 시스템이 특정한 상황에서 반복적으로 오작동했다면 이는 학습 알고리즘의 결함이자 설계상 위험 요소로 평가할 수 있다. 이 경우 제조업자나 개발자에게 안전성 확보 의무를 부과할 수 있는 근거가 된다.

다만 문제는 소프트웨어의 결함은 일반 소비자가 감지하거나 원인을 특정하기 매우 어렵다는 점이다. 이는 피해자에게 과도한 입증 부담을 지우며 사실상 제조업자의 책임을 면제하는 효과를 낳는다. 따라서 소프트웨어를 제조물로 포섭하려면 결함 입증 기준도 기술 특성을 반영해 완화 또는 전환할 필요가 있다.

결국 소프트웨어 중심의 피지컬 AI에 대해 제조물 책임을 적용하려면 법적 개념의 확장과 함께 기술 현실을 반영한 책임 구조 재설계가 필요하다. 이는 단순한 입증 문제를 넘어서, AI 시스템의 '예측 가능성과 통제 가능성'을 법적 안전성 개념으로 정립하는 것을 의미한다.

업데이트에 따른 시스템 변화와 책임 시점 문제

피지컬 AI는 출시 이후에도 지속적으로 업데이트되며 기능이 변화한다. 이는 단순한 버그 수정이 아니라 새로운 기능 추가, 알고리즘 수정, 데이터 세트 보완 등을 포함하는 고도화 과정이다. 문제는 이처럼 사후적으로 변경된 시스템이 사고의 원인이 되었을 경우, 책임 귀속 시점을 어디로 볼 것인가다. 즉, 최초 출시 당시의 상태를 기준으로 판단할 것인지 아니면 업데이트 시점의 상태를 기준으로 해야 하는지가 불분명하다.

전통적인 제조물은 출시 당시의 상태를 기준으로 결함 여부를 판단했다. 하지만 AI는 지속적으로 '학습'하고 '진화'하기 때문에 초기 상태를 기준으로 한 판단이 현실과 괴리를 보인다. 특히 업데이트는 자동적으로 이루어지기도 하며 사용자가 개입할 여지가 없는 경우도 많다. 이 경우 제조자의 관리 책임이 강화되어야 하는 반면 현행 법제는 이 점을 제대로 반영하지 못하고 있다.

업데이트는 통상 제조자나 개발자의 서버에서 원격으로 이루어지며 사용자에게 통지 없이 진행되는 경우도 있다. 이 경우 사용자에게 책임을 묻기 어려운 반면 개발자 측의 책임 귀속은 명확하지 않다. 시스템이 자동으로 버전을 바꾸었을 경우, 그 변경 사항이 제대로 검증되었는지 여부가 핵심 판단 요소가 된다.

이와 관련해 유럽연합은 "AI 시스템의 사후 모니터링 및 업데이트 책임"을 법적으로 명시하려는 시도를 하고 있다. 특히 AI 법안에서는 고위험 AI에 대해 업데이트 후의 성능, 안전성 평가, 로그 기록 의무 등을 부과하고 있으며 제조자에게 계속적인 통제 책임을 부여한다. 이는 단절적 책임이 아니라 '지속적 책임'으로의 전환을 의미한다.

국내에서도 이와 같은 법적 전환이 필요하다. 특히 업데이트된 기능이 사용자에게 제공될 경우, 해당 기능의 오작동으로 인한 피해는 '신규 위험'으로 간주해 제조자의 경고 의무 및 기능 검증 의무를 강화해야 한다. 만약 업데이트 자체가 위험을 증가시켰다면 이는 '사후적 결함'으로 취급될 수 있다.

종합하면 AI의 업데이트는 기술적 진화이자 새로운 위험의 발생이다. 따라서 책임 귀속의 시점은 출시에 국한되지 않고 업데이트 전후의 기능 변화와 위험성 평가를 기준으로 재설정되어야 하며 이를 뒷받침할 입법적 정비가 요구된다.

유지·보수 부실에 따른 사용자 책임 여부

피지컬 AI의 안전성은 정기적인 유지 · 보수와 관리에 달려 있다. 특히 센서 오작동, 배터리 노후, 소프트웨어 패치 미적용 등은 사고의 직접적 원인이 될 수 있으며 이는 사용자 측의 관리 소홀로 연결될 수 있다. 문제는 사용자 과실이 존재할 경우, 법적으로 제조자와의 책임 분담이 어떻게 이루어지는가다. 사용자에게 일정한 유지 · 점검 의무가 인정되는지 여부는 AI 기술이 보편화됨에 따라 더욱 중요해지고 있다.

일반적으로 민법상 불법 행위 책임에서 피해자의 과실은 과실 상계 사유로 작용할 수 있다. 마찬가지로 제조물 책임법에서도 사용자가 경고를 무시했거나 부적절하게 사용했다면 제조자의 책임이 제한될 수 있다. 그러나 AI 기기의 특성상 유지 · 보수의 주체가 누구이며, 어떤 수준의 관리가 요구되는지에 대한 기준이 명확하지 않다.

예컨대, 배달 로봇이 장애물을 회피하지 못해 사고를 일으켰는데, 그 원인이 미적용된 소프트웨어 패치에 있었다면 사용자가 이를 인지했는지가 핵심 쟁점이 된다. 만약 제조자가 패치 알림을 충분히 제공하지 않았다면 사용자에게 책임을 묻기 어렵다. 반대로 지속적으로 경고가 있었음에도 사용자가 이를 무시한 경우에는 책임 분담이 가능하다.

문제는 '일반 사용자'가 해당 기술의 작동 원리를 충분히 이해할 수 없는 경우가 대부분이라는 점이다. 특히 고령자나 일반 소비자가 로봇의 시스템 오류를 사전에 진단하거나 소프트웨어 상태를 점검하는 것은 현실적으로 어렵다. 따라서 유지 · 보수 의무를 사용자가 부담하기 위해서는 그 수준과 내용이 '합리적 기대 가능성' 범위 내에 있어야 한다.

한편 제조자가 사후 관리 서비스(점검 서비스, 정기적 리콜 등)를 제공하고 있지 않거나 비용상 접근이 어려운 경우, 사용자에게 전가되는 책임은 비례적으로 조정되어야 한다. 이는 기술의 불평등한 수용을 막기 위한 사회적 책임 분배의 관점에서도 정당화될 수 있다.

결국 피지컬 AI의 유지 · 보수는 제조자와 사용자의 공동 책임 구조로 설계되어야 한다. 법적으로는 경고 의무, 사후 관리 의무, 사용자 교육 의무 등을 강화하고, 기술적으로는 사용자 친화적인 유지 · 보수 시스템과 알림 체계를 병행해야 한다.

사용자 맞춤형 AI 시스템과 개별 책임 판단

AI 기술은 사용자 맞춤형 설계를 가능하게 한다. 자율주행차의 운전 스타일, 돌봄 로봇의 음성 반응 방식, 제조용 로봇의 작업 경로 설정 등은 사용자 개개인의 요구와 설정에 따라 최적화된다. 문제는 이러한 개인화된 설정이 오작동을 유발했을 경우, 그 책임을 사용자에게 물을 수 있는지 여부다. 맞춤형 설정이 기술적으로 지원되었다 하더라도 잘못된 설정이 피해로 이어진 경우 법적 책임은 복잡해진다.

기본적으로 민법은 '자기 결정'의 원칙에 따라, 사용자의 선택에 따른 결과는 원칙적으로 사용자의 책임이라고 본다. 그러나 AI의 경우, 설정 가능 범위와 위험도에 따라 책임이 제한될 수 있다. 예컨대 AI 시스템이 특정 옵션을 사용자에게 제시한 것이 안전하지 않았거나 고위험 옵션을 사전 필터링하지 않았다면 이는 제조자의 설계상 결함으로 간주될 수 있다.

또한 사용자 맞춤형 설정은 시스템 내에서 다양한 선택지를 기반으로 생성되기 때문에, 설정의 자유가 무제한은 아니다. 이 경우 AI 개발자는 사용자의 행동 패턴을 예측해 위험을 사전에 경고하거나 제한할 수 있는 알고리즘적 방어 수단을 마련해야 한다. 즉, '맞춤형 설정의 자유'는 '위험 통제 가능성'의 범위 내에서만 유효하다는 원칙이 정립되어야 한다.

이와 관련해 일부 국가에서는 "안전 설정 기준 이하의 설정을 불허하거나 사용자 설정에 따른 위험 증가 시 제조자가 추가적 경고를 제공해야 한다"는 원칙을 마련하고 있다. 이는 설정의 자유와 책임 간의 조화로 기술이 제공한 선택지의 책임을 어떻게 분배할 것인지에 대한 정책적 고민이다.

우리나라 역시 맞춤형 AI 시스템에 대한 법적 기준을 마련할 필요가 있다. 특히 사용자가 설정한 기능이 위험을 유발했을 경우, 단순히 사용자에게 책임을 전가하는 것이 아니라 해당 기능이 제공된 배경과 위험 통제 장치를 함께 검토해야 한다. 사용자 설정이 허용된 구조 자체가 책임 소재에 영향을 미친다는 점에서 법적 판단은 기술 구조에 대한 정밀한 이해를 필요로 한다.

결론적으로 맞춤형 AI 시스템은 사용자 책임을 전제로 하지만 제조자나 개발자의 설계 책임과 감독 의무도 동시에 존재한다. 이는 기술적 자유와 법적 안전 사이의 균형을 재구성하는 데 핵심적 기준이 된다.

결함 입증책임의 완화 또는 전환 가능성 논의

제조물책임법은 피해자가 제조물의 결함, 손해, 인과관계를 입증해야만 손해 배상을 받을 수 있도록 규정한다. 그러나 AI 기반 피지컬 AI는 고도의 복잡성과 비가시성을 특징으로 하기 때문에 일반 피해자가 이를 입증하는 것은 사실상 불가능에 가깝다. 특히 사고가 AI의 판단 오류나 소프트웨어 버그, 복합적인 알고리즘 결합에 의해 발생한 경우, 입증 책임은 피해자에게 과도한 부담을 지운다.

이에 따라 AI 기술에 대한 제조물책임법의 적용에서는 입증 책임의 완화 또는 전환이 필요하다는 주장이 제기되고 있다. 즉, 피해자에게는 사고 발생 사실과 손해만을 입증하도록 하고 결함 여부나 인과관계는 제조자가 반증하도록 하는 방식이다. 이는 의료 사고나 식품 위해 사고에서 이미 적용되고 있는 법리로, 고도의 전문성과 비대칭 정보 구조를 고려한 입법적 대응이다.

특히 AI 사고는 원인 규명이 어렵고 제조자만이 관련 로그, 학습 데이터, 알고리즘 구조 등을 보유하고 있다는 점에서, 피해자는 정보에 접근할 수 없다. 이 경우 '정보의 비대칭성'이 입증 불가능성을 심화시키므로 제조자에게 반증 책임을 부과하는 것이 공평하다. 이는 기술 위험의 사회적 분산 원칙과도 부합한다.

일부 국가에서는 인공지능 기술로 인한 피해에 대응하기 위해 입증 책임을 제조자나 운영자에게 전환하는 특별 입법을 논의하고 있다. 유럽연합은 2022년 AI 책임 지침(AI Liability Directive) 초안을 통해 고위험 AI에 대한 입증 책임 완화를 추진한 바 있으나 이 지침은 EU AI 법의 제정 이후 사실상 중단 또는 철회된 상태다. 독일과 프랑스는 여전히 AI 기술로 인한 피해에 대해 제조자나 운영자의 책임을 강화하는 방안을 자국 법제 내에서 검토하고 있으며 이는 기술 신뢰 확보와 소비자 보호 강화라는 공동 목표 아래 이루어지고 있다.

우리나라도 향후 AI 기반 사고에 대해 입증 책임을 완화하거나 법원이 직권으로 사실 인정의 기준을 전환할 수 있도록 민사 소송법상 제도 개선이 필요하다. 아울러 AI 제조자에게는 로그 보관, 위험 예측 자료 공개, 사고 분석 협조 의무를 부과함으로써 반증의 실효성을 높이는 제도 설계가 중요하다.

결론적으로 피지컬 AI에 대한 제조물책임법 적용은 전통적 입증 구조로는 피해 구제가 어려우며 기술 특성을 반영한 입증 책임 완화 또는 전환이 반드시 필요하다. 이는 제조자 책임을 과도하게 강화하는 것이 아니라 정의로운 책임 분배와 피해 회복을 위한 법적 최소한의 조정이다.

06
피지컬 AI의 법적 주체성: '전자 인격' 도입 논의

피지컬 AI에 '전자 인격'을 부여하자는 논의는 자율 로봇 · 드론 등 스스로 행동하는 기술이 초래한 피해의 책임 공백을 메우려는 시도다. 이는 AI 자체를 제한적 법적 주체로 인정해 보험 · 기금 등을 통해 배상을 가능하게 하려는 구조다. 그러나 인간 · 기업의 책임을 AI에 전가해 책임을 약화시키는 결과를 낳을 수도 있어, 도입 여부와 방식은 헌법 질서 · 민주적 통제와 결합해 신중히 다뤄야 한다.

AI와 민주주의?

전자 인격 개념의 등장 배경과 유럽 의회 논의 사례

'전자적 인격'(electronic personhood) 개념은 2017년 유럽 의회 보고서에서 공식적으로 언급되면서 세계적으로 주목받기 시작했다. 이 개념은 고도로 자율적인 인공지능 시스템, 특히 물리적 행동을 수행하는 피지컬 AI에 대해 일정한 법적 지위를 부여함으로써 그들이 초래한 손해나 결과에 대한 책임 귀속 구조를 정비하고자 하는 시도다. 기존의 법체계는 인간이나 법인을 법적 주체로 상정하고 있으나, AI의 자율성과 비인격성 사이의 간극은 이원론적 체계로는 설명되지 않는 문제를 야기한다.

유럽 의회는 "AI 시스템이 예측 불가능한 방식으로 자율적인 결정을 내릴 수 있으며 결과적으로 법적 책임 공백을 초래할 수 있다"고 판단하고 전자 인격 개념을 통해 그 공백을 제도적으로 메우려 했다. 이 개념은 법인과 유사한 '한정된 법적 주체성'을 AI에 부여해 해당 시스템이 초래한 법적 결과를 독립적으로 처리할 수 있게 하자는 것이다.

현행 우리 법체계에서는 전자 인격 개념이 도입되어 있지 않기 때문에 피지컬 AI가 초래한 피해에 대한 법적 책임은 해당 기계를 운영하거나 점유한 사람에게 '점유자 책임' 또는 '소유자 책임'의 형태로 귀속된다. 이는 민법 제758조의 구조에 따른 것으로, 물건의 설치 또는 보존상의 하자로 인해 발생한 손해에 대해 점유자가 원칙적으로 책임을 지되, 자신의 과실이 없음을 입증하면 소유자에게 책임이 전가된다.

반면 전자 인격 개념이 도입될 경우, 피지컬 AI 자체가 한정된 법적 주체로서 일정한 책임 능력을 인정받게 되며 사고 발생 시 AI 인격체가 일차적 책임 주체가 되고 운영자나 제조자는 '감독자 책임' 또는 '소유자 책임'으로 선환되는 구조가 설정될 수 있다. 이러한 모델은 신탁 기금이나 강제 보험 제도와 결합해 피해자에 대한 사전적 보상 체계를 구축하는 데 유리하다는 점에서, 자율주행차 · 배달 로봇 · 의료 로봇 등 고위험 피지컬 AI에 대한 현실적인 책임 분산 모델로 논의되어 왔다.

그러나 이 개념은 격렬한 반발도 불러왔다. 유럽 시민사회와 법학자 그룹은 "기술적 물체에게 법적 지위를 부여하는 것은 인간 중심 법질서에 위배되며 오히려 책임 회피 수단이 될 수 있다"고 비판했다. 실제로 유럽 의회는 2020년 이후 공식 문서에서 '전자 인격' 개념을 삭제하며 후퇴하는 모습을 보였다. 대신 책임 보험, 운영자 책임, 고위험 등급 설정 등을 중심으로 규제 방향을 조정했다.

그럼에도 불구하고 전자 인격 개념은 AI와 법의 관계에서 중요한 철학적 · 정책적 물음을 제기했다. 기술이 법적 책임의 주체가 될 수 있는가? 책임은 인격에 기반한 것인가 결과에 기반한 것인가? 이러한 논점은 향후 AI의 진화에 따라 다시 부상할 가능성이 크며, 이에 대비한 국내 논의도 본격화되어야 한다.

전자 인격 도입 시 예상되는 책임 귀속 구조의 변화

피지컬 AI에 전자 인격이 부여될 경우, 가장 큰 변화는 책임 귀속 방식의 전환이다. 기존에는 AI가 초래한 사고나 손해에 대해 제조자, 소유자, 운영자 중 누가 책임을 져야 하는지를 두고 복잡한 다단 책임 체계가 형성되었지만 전자 인격이 도입되면 AI 자체가 독립된 책임 주체가 되어 피해 배상 또는 법적 처분의 대상이 된다.

이러한 구조는 법적 실무의 간결성과 예측 가능성을 높이는 데 장점이 있다. 특히 AI가 독립적으로 자율적인 판단을 통해 행동한 경우, 이를 '개인의 행위'에 비유해 하나의 독립적 책임 구조를 설계할 수 있다. 이때 운영자는 관리 책임, 제조자는 설계 책임, 사용자는 선택 책임을 간접적으로 부담하게 된다.

책임 귀속이 AI 본체로 수렴될 경우, 해당 AI가 일정한 보험에 가입하거나, AI 신탁 계정을 보유해 사고 발생 시 자동으로 보상금을 지급하는 구조도 가능해진다. 이러한 구조는 책임 주체의 불확정성을 줄이고, 피해자의 구제를 용이하게 한다. 기술이 복잡해질수록 명확한 책임 귀속 모델의 중요성은 더욱 커진다.

그러나 반대의 시각도 있다. AI에 책임을 귀속시키는 방식은 인간 책임의 약화를 초래할 수 있으며, 특히 대기업이 AI 시스템에 전자 인격을 부여함으로써 자신들의 책임을 분산하거나 회피할 가능성이 있다는 점에서 우려가 제기된다. 책임의 탈인간화는 법의 정당성과 도덕적 기반을 흔들 수 있다.

또한 법적 책임은 단지 기능적 분배의 문제가 아니라, 권리와 의무, 윤리와 인격성의 문제와도 깊이 연관되어 있다. 전자 인격이 사고를 일으켰다고 해서 그것이 도덕적 책임을 느끼거나 개선을 스스로 수행할 수 없다면, 그러한 인격화는 형식적인 면책 수단에 불과할 수 있다.

따라서 전자 인격 도입은 단지 법적 기술이 아니라 책임의 본질, 인격의 요건, 법과 윤리의 경계 등에 대한 철학적 재검토를 요구한다. 우리도 이러한 변화에 대비해 전자 인격 도입 여부에 대한 입법적 선택과 더불어, 그로 인한 책임 구조의 재설계를 면밀히 준비해야 할 시점이다.

법적 행위 주체로 인정하는 것의 헌법적 한계

대한민국 헌법은 인간의 존엄과 자유를 핵심 가치로 삼고 있다. 이는 모든 권리와 책임의 주체가 인간이어야 한다는 전통적 법 이론을 반영하고 있다. 따라서 피지컬 AI에 법적 지위를 부여해 행위 주체로 인정하는 것은 단순한 입법 차원이 아니라 헌법적 질서의 근본적 재해석을 요구하는 문제다.

현행 헌법하에서 법인의 법인격은 인간의 법적 대리 구조를 전제로 한다. 즉, 인간 구성원의 의사 결정이 법인의 행위로 간주되며, 궁극적으로 인간의 책임과 권리에 귀속된다. 반면 AI는 인간 의사 결정을 필요로 하지 않고 스스로 판단하고 행동할 수 있다. 이때 법적 행위 주체로서의 자격을 부여하는 것이 헌법상 정당한가에 대한 의문이 발생한다.

특히 '법 앞의 평등', '기본권 보장의 주체성', '권리 행사와 의무 이행의 능력'이라는 기준에서, AI에 독립된 법적 주체성을 부여하는 것은 위헌의 소지가 있다는 의견도 있다. AI는 법적 책임을 질 수는 있어도 권리를 행사하거나 의무를 이행할 능력과 의사를 가지지 않기 때문이다.

이러한 한계를 극복하기 위해 전자 인격은 법적 · 의제적 인격으로 제한하되, 제한된 범위 내에서만 법률상 행위 주체로 기능하도록 설계할 수 있다. 예를 들어 일정한 보상 한도 내에서만 책임을 지며 헌법상 권리를 행사할 수는 없는 구조다. 이는 법인의 '제한적 인격'과 유사한 방식이다.

그럼에도 불구하고 헌법 해석은 단순히 법조문 적용의 문제가 아니라 법체계의 내적 정합성과 철학적 기반의 문제이기 때문에, 단순한 조항 신설이나 하위법 개정만으로는 전자 인격의 도입을 정당화하기 어렵다. 헌법 개정 또는 최소한 헌법적 해석의 확장이 수반되어야 할 것이다.

결국 AI를 법적 행위 주체로 인정할 것인지에 대한 논의는 기술의 문제가 아니라 인간 중심 질서에 대한 본질적 질문이다. 이는 헌법학과 기술 철학, 법 이론 전반을 아우르는 통합적 접근이 필요하며 이에 대한 사회적 합의 없이 입법을 서두르는 것은 바람직하지 않다.

법인격과 인격권의 구별: AI는 어느 범주에 속하는가

전통적으로 법은 인간을 '자연인', 회사나 단체를 '법인'으로 분류하고, 각각에게 일정한 권리와 책임을 부여해 왔다. 이때 법인격은 기능적 책임 주체로서의 지위를 부여하는 것이며 인간이 갖는 고유한 인격권인 존엄, 자유, 사생활 등과는 엄격히 구분된다. 이 구별은 AI에 어떤 법적 지위를 부여할 수 있을지 판단하는 데 핵심 기준이 된다.

AI에 '법인격'을 부여한다는 것은 책임의 귀속 주체로 삼겠다는 것이며, '인격권'을 부여한다는 것은 권리 주체로 인정하겠다는 것이다. 피지컬 AI는 현재로서는 감정, 자의식, 판단 능력 등을 갖추지 못하므로 인격권의 주체가 될 수는 없다. 이는 '생명체'와 '법적 도구' 간의 구분선 위에 AI를 위치시킨다.

따라서 전자 인격은 인격권을 수반하는 것이 아니라, 법인격과 유사한 기능적 주체로서의 인정에 머물러야 한다. 즉, AI는 법적으로 독립된 책임 주체가 될 수는 있어도, 자유권, 표현권, 인격권을 행사하는 존재는 아니다. 이러한 구별은 향후 AI가 '권리'를 주장하는 상황을 예방하는 법적 경계선이 된다.

일부 기술 윤리 담론에서는 AI가 의식을 가질 가능성을 상정하고, 이에 따른 권리 부여를 주장하기도 한다. 그러나 이는 기술 발전과 철학적 논쟁이 결합된 영역이며 현재 법 제도는 이러한 가능성에 대해 논리적 대비는

하되, 입법적으로는 배제하는 방향이 타당하다.

법적으로는 AI를 '특수 목적 법인' 또는 '신탁 대상체'로 간주하고, 일정한 자산을 보유하고 보험에 가입하는 등 제한된 행위만 가능하도록 구조화할 수 있다. 이는 법인격을 기술에 맞게 재해석하는 방식이며 인격권과의 혼동을 방지하는 현실적 대안이다.

정리하자면 피지컬 AI는 '기계이지만 책임을 져야 하는 존재'라는 법적 모순을 안고 있다. 이 모순을 해결하기 위해서는 법인격의 유연한 적용과 인격권의 철저한 구분이 필요하며, AI의 법적 지위를 둘러싼 논쟁은 이 구별 위에서 재구성되어야 한다.

전자 인격의 도입이 오히려 책임 회피 수단이 될 가능성

AI에 전자 인격을 부여하는 논의는 책임의 명확화를 위한 수단으로 제안되었으나, 역설적으로 책임 회피의 수단이 될 위험도 내포하고 있다. 특히 대기업이나 기술 제공자가 AI 시스템에 법적 책임을 집중시키고, 자신들의 책임을 축소하려는 전략적 수단으로 전자 인격이 이용될 가능성이 있다.

이는 기업이 AI 시스템을 별도의 법인격으로 등록하

고, 그 안에서 발생하는 모든 사고를 해당 전자 인격에 귀속시킴으로써 손해 배상 한도를 제한하고, 법적 책임을 회피하는 결과를 초래할 수 있다는 우려로 연결된다. 특히 이 구조는 보험과 연계될 경우, 일정액 이상의 배상은 불가능하게 설정될 수 있으며 피해자의 구제 가능성을 약화시킨다.

또한 전자 인격이 하나의 '법적 방패'로 기능하게 되면, 제조자나 운영자는 시스템 오류나 설계상의 위험을 사전에 회피하거나 위험한 설계를 선택하면서도 법적 부담 없이 운영할 수 있게 된다. 이는 AI 시스템의 안전성과 윤리성에 대한 내부 통제를 약화시키는 요인이 될 수 있다.

이러한 부작용을 방지하기 위해서는 전자 인격이 인정되더라도 제조자, 운영자, 투자자에게 부가적 책임을 부과하는 '연대 책임 모델'을 병행해야 한다. 예컨대 일정 규모 이상의 피해가 발생했을 경우, 전자 인격을 보유한 기업이 추가적으로 공동 책임을 지는 구조를 마련할 필요가 있다.

또한 전자 인격을 부여받은 AI 시스템은 반드시 국가 등록, 위험 등급 관리, 감사 기록 공개, 보험 가입 등 공적 규제를 충족해야 하며, 이를 위반할 경우 인격이 박탈되거나 운영 중지가 가능해야 한다. 전자 인격의 권리적 구조가 아니라 공공 책임 구조로 설계되어야 한다.

결론적으로 전자 인격 도입은 법적 혁신이지만, 책임 분산의 도구가 되어서는 안 된다. 기술적 독립성과 법적 책임성은 분리될 수 없으며, 전자 인격은 법적 책임을 명확히 하기 위한 수단이지, 기업의 책임을 은폐하기 위한 제도가 되어서는 안 된다. 이를 위해 제도 설계 단계에서부터 책임 구조의 투명성과 연대 책임 원칙을 함께 구축해야 한다.

07
피지컬 AI 관련 보험·배상제도 설계

피지컬 AI의 일상적 사용은 사고 책임을 제조자만으로 돌리기 어렵게 만들었다. 이에 따라 사용자 책임 보험, 공공 보상 기금, 다중 주체에 대응하는 복합 보험,
산재 · 재난 · 자동차 보험과의 연계, 그리고 책임 불확정 상태에서도 우선 보상하는 신속 구제 제도가 필요하다. 목표는 피해자 보호를 전제로 기술 수용성을 확보하는 것이다.

AI와 애니메이션?

제조자 책임 외 AI 사용자를 위한 배상책임보험 필요성

피지컬 AI가 실생활에서 자율적으로 작동하는 빈도가 늘어나면서, 제조자 이외의 사용자 또는 운영자의 책임이 문제 되는 경우가 많아지고 있다. 예컨대 개인이 배달 로봇을 대여해 사용할 경우, 운행 중 발생한 사고가 제조물 결함 때문이 아니라 사용자의 조작 미숙이나 운행 부주의에 기인했을 수 있다. 이처럼 사용자가 사고의 일차적 원인이 되는 경우, 제조자 책임만으로는 충분한 보상이 이뤄지지 않거나 법적 공백이 발생할 수 있다.

이러한 상황을 대비해 'AI 사용자 책임 보험' 또는 'AI 운용자 배상 책임 보험'과 같은 새로운 보험 제도의 도입이 요구된다. 이는 자동차 보험과 유사하게 AI 기기를 운용하는 사용자가 일정한 보험에 가입하고 사고 발생 시 그 보험을 통해 피해자에게 신속한 보상이 이뤄지도록 하는 구조다. 특히 개인이나 소규모 사업자가 사용하는 배달 로봇, 돌봄 로봇, 청소 로봇 등에서 현실적 수요가 크다.

사용자 책임 보험의 핵심은 '무과실 책임 구조'를 전제로 한 피해자의 권리 보호다. 즉, 사고가 사용자의 고의나 과실 때문이 아니라 하더라도 일정한 손해가 발생했다면 보험을 통해 피해자 보호가 가능하도록 해야 한다. 이는 AI 기술에 대한 사회적 수용성과 신뢰를 높이는 데도 기여한다.

보험료 산정은 AI 기기의 위험도, 사용 환경, 목적에 따라 차등화될 수 있다. 예를 들어, 도로를 주행하는 자율이동형 로봇은 보행자와의 충돌 가능성이 높으므로, 실내에서 사용하는 청소 로봇보다 더 높은 위험군으로 분류되어야 할 것이다. 이때 정부는 위험군 설정을 위한 등급 체계를 마련하고 보험 회사와의 협약을 통해 표준화된 보험 상품을 제시할 필요가 있다.

또한 이러한 보험 제도는 민간에만 맡겨 둘 것이 아니라, 공공이 일정 부분 개입해야 한다. 특히 장애인, 고령자, 저소득층 등 AI 기기의 활용도가 높으나 경제적 여건이 부족한 계층에 대해서는 공적 보험료 지원이나 사회보험 방식으로의 전환도 검토해야 한다. 이는 디지털 복지 정책과도 연결된다.

결국 피지컬 AI가 일상으로 들어온 이상, 사용자의 책임과 그에 따른 보상 체계를 제도화하는 것은 필수적이다. 제조자만을 대상으로 한 기존 구조는 한계에 도달했고, 이제는 사용자 보험을 통해 전체적 안전망을 보완해야 할 시점이다.

AI 사고 전담 공공 보상 기금 또는 보장 제도 도입 방안

AI 기반 시스템의 확산에 따라, 사고 발생 시 책임 귀속이 불명확하거나 제조자 · 사용자 모두에게 귀책을 묻기 어려운 사례가 늘고 있다. 예컨대, 자율주행차가 예측 불가능한 돌발 상황에서 충돌을 피할 수 없었거나, 드론이 기후 급변 등 외부 환경 요인으로 사고를 초래한 경우 등이다. 이러한 '불가항력' 또는 '책임 공백' 사고에 대해서는 기존의 민사 책임 체계나 보험 제도로는 충분한 대응이 어렵기 때문에 공공적인 보상 체계의 도입이 필요하다.

이를 위해 'AI 사고 보상 기금' 또는 '피지컬 AI 공공 보장 제도'와 같은 별도 제도의 도입을 검토할 수 있다. 이 제도는 제조물책임법이나 불법행위법상 입증이 곤란한 회색 지대 피해에 대해 사전적이고 집단적인 대응을 가능하게 하며 기존 사보험 제도의 한계를 보완하는 사회적 안전망으로 기능할 수 있다. 특히 피해자의 권리 회복과 기술 신뢰 확보라는 이중 목적을 충족할 수 있는 제도적 장치로서 그 중요성이 커지고 있다.

기금 조성 방식은 제조사, AI 서비스 제공자, 플랫폼 기업 등 이해관계자가 일정 비율로 분담하거나 AI 관련

세제의 일부를 기금 재원으로 활용하는 방식을 고려할 수 있다. 정부는 기금의 운용 주체로서 피해 접수, 보상 심의, 원인 조사 등의 기능을 통합적으로 수행할 수 있으며 이를 통해 사고 데이터의 정책적 피드백 체계도 함께 구축할 수 있다. 이와 유사한 모델로는 의료 사고 보상 제도나 자동차손해배상보장법에 따른 구조가 참고가 될 수 있다.

공공 보상 기금은 단순한 금전 보상에 그치지 않고, 피해자의 심리 · 사회적 회복까지 포함하는 포괄적 보상 체계로 설계되어야 한다. 중대한 생명 · 신체 피해가 발생한 경우에는 심리 상담, 재활 치료, 직업 복귀 지원 등과 연계된 종합 지원 프로그램이 병행되어야 하며 이는 단순한 배상에서 나아가 피해자 중심의 회복 모델로 나아가기 위한 중요한 전제다.

또한 이 제도는 공공적 투명성과 절차적 정당성을 기반으로 운영되어야 한다. 보상 기준과 신청 절차, 결정 방식은 명확한 규정을 통해 공개되어야 하며, 민간 보험 제도와의 중복 보상 문제나 보상 수령 이후 법적 소송과의 관계 정립도 함께 체계화되어야 한다. 피해자 단체 및 시민 사회의 감시와 의견 수렴 절차를 제도적으로 수용하는 것도 민주적 운영을 위한 핵심 요소다.

궁극적으로, 공공 보상 기금은 AI 기술을 적극적으로 육성하는 사회가 그에 따른 불가피한 위험을 공동으로 분담하는 사회 계약적 장치로 이해할 수 있다. 이는 국가가 AI 기술의 확산과 활용을 주도하면서도 그로 인해 발생하는 피해에 대해 정의롭고 책임 있는 대응 체계를 구축해야 할 윤리적 · 법적 책무를 제도화한 것이라 할 수 있다.

다중 책임 구조에 대응하는 보험 상품 개발 방향

피지컬 AI 사고는 단일 주체의 책임으로 환원되기 어려운 경우가 많다. 예컨대 자율주행차의 사고는 차량 제조사, 알고리즘 개발사, 소프트웨어 공급자, 통신 인프라 제공자, 차량 소유자 등 복수의 주체가 얽혀 있는 경우가 일반적이다. 이처럼 다층적인 책임 구조는 기존의 단순 책임 보험 방식으로는 대응이 어렵다.

따라서 다중 책임 구조에 대응할 수 있는 복합 보험 상품 개발이 요구된다. 이는 공동 보험 또는 연계 보험의 형태로, 사고 발생 시 보험사 간 손해 분담이 가능하게 설계된 상품이다. 예를 들어 AI 기기의 제조사가 가입한 보험과 사용자가 가입한 보험이 각각 일정 비율로 손해를 분담할 수 있는 구조다.

또한 플랫폼 기업이 중개하는 형태의 AI 서비스의 경우, 플랫폼 운영자에게도 일정한 책임이 귀속될 수 있다. 이에 따라 플랫폼 기반 AI 서비스 보험도 도입되어야 하며 이는 배달 로봇, 공유 자율주행차, 원격 돌봄 시스템 등에서 적용 가능하다. 보험 대상의 범위를 하드웨어뿐 아니라 시스템 구조 전체로 확장해야 한다.

이러한 복합 보험은 기술적으로도 사고 데이터의 표준화, 책임 비율 산정 알고리즘, 블록체인 기반의 손해 조정 세계 등과 결합해 새로운 형태의 인공지능 보험 생태계를 구축할 수 있다. 이는 보험 산업의 새로운 영역을 창출하면서 기술 리스크를 제도적으로 흡수하는 역할도 수행한다.

정부는 이러한 상품 개발을 유도하기 위해, 위험 등급에 따른 보험 인센티브, 인증 시스템, 데이터 공유 인프라를 제공해야 한다. 특히 중소기업이나 스타트업도 보험 시장에 참여할 수 있도록 초기 보험료 지원이나 재보험 제도도 마련되어야 한다.

결국 피지컬 AI의 다층 책임 구조에 부합하는 새로운 보험 상품은 기존 법률 구조와 금융 시스템을 연결하는 핵심 고리이며 이를 통해 기술 혁신과 피해 구제를 동시에 실현할 수 있다.

재난 보험, 자동차 보험, 산재 보험과의 연계 가능성

피지컬 AI가 야기하는 사고는 단순한 민사상 손해 배상 문제를 넘어, 경우에 따라 재난 또는 산업 재해로 분류될 수 있다. 예컨대 공장 내 자동화 로봇이 작업자에게 상해를 입힌 경우 이는 산업 재해에 해당하며, 공공장소에서 드론이 낙하해 군중에게 피해를 입힌 사례는 사회 재난 또는 복합 재난의 범주에 포함될 수 있다. 이러한 사례는 기존 보험 체계와의 정합성 있는 연계가 반드시 필요함을 보여 준다.

먼저 산업 재해 보상 보험 제도와의 연계를 살펴보면 현재 산업안전보건법과 산재보험법상, 사고가 업무 수행 중 발생한 것이라면 기계 또는 로봇이 사고 원인이더라도 원칙적으로 사업주에게 보험 책임이 부과된다. 그러나 AI 장비가 일정 수준 이상의 자율적 판단을 수행해 사고를 유발한 경우, 단순한 설비 고장과는 다른 복합적 귀책 구조가 형성되며 이와 관련된 입법적 명확화가 필요하다. 특히 기계의 자율성 정도에 따라 사용자 책임, 제조자 책임, 소프트웨어 설계자 책임이 어떻게 조정되어야 하는지가 새로운 쟁점이 되고 있다.

다음으로 재난 보험과의 연계 문제를 들 수 있다. AI 기반 드론이나 배달 로봇이 공공장소에서 사고를 유발해 다수의 피해자가 발생할 경우, 이는 일정 조건하에서 국가가 보상 주체로 나서는 재난 관리 체계가 작동해야 할 수도 있다. 그러나 현재의 재난안전법령은 자연재해 및 전통적 기계 사고를 중심으로 설계되어 있어, 인공지능 기반 사고를 재난으로 규정하거나 보상 체계로 연계할 수 있는 명시적 조항은 미흡한 상황이다. 이는 향후 〈재난 및 안전관리 기본법〉 등 관련 법령의 개정 과제로 지목된다.

자율주행차 도입에 따라 자동차 보험 제도의 구조적 재설계가 논의되고 있다. 현재의 자동차 보험은 기본적으로 운전자 과실을 중심으로 책임을 판단하는 운전자 중심 모델을 전제로 한다. 그러나 자율주행 기술의 발전에 따라, 특히 SAE 자율주행 단계 3~5단계로 이행하는 경우에는 운전자의 개입이 최소화되거나 완전히 배제될 수 있어, 책임 귀속의 중심축이 제조자나 소프트웨어 개발자로 이동하게 된다. 이로써, 제조자나 소프트웨어 개발자의 책임이 전면에 등장하게 되며, 이에 따라 제조물 책임 보험, 자율주행 위험 특약, 소프트웨어 하자 보장형 보험 등 다양한 보험 모델이 실험되고 있다. 이러한 보험 구조는 도로교통법 및 자동차손해배상보장법과의 정합성 확보를 전제로 법제 정비가 병행되어야 한다.

보험 제도 간의 연계는 단순한 행정 절차의 문제가 아니라 피해자 구제의 실효성과 보험 운영의 지속 가능성을 확보하기 위한 핵심 설계 원칙이다. 모든 사고 유형을 새롭게 정의하고 새로운 제도를 설계하는 것은 법적·재정적 비용이 과도하게 발생할 수 있다. 이에 따라, 기존 보험 제도를 유연하게 해석·확장하고, 사고 유형별 보장 범위를 체계적으로 조정하는 방식이 현실적 대안으로 제시된다.

결론적으로 피지컬 AI 시대의 보험 체계는 기존 제도와의 연계성을 강화하고 분야 간 법령 간극을 해소하는 방향으로 설계되어야 한다. 재난 보험, 산재 보험, 자동차 보험 등 이질적 제도들 간의 연결 구조를 정비함으로써 법적 일관성과 피해 회복력이라는 두 가지 목표를 동시에 달성할 수 있다.

책임 불확정 상태에서의 신속한 피해 구제 메커니즘 설계

피지컬 AI가 관여된 사고는 통상 원인 규명이 복잡하고 기술적 비가시성이 높아 사고 직후 책임 귀속이 장기간 불확정 상태로 머무는 경우가 많다. 자율주행차, 드론, 돌봄 로봇 등 고위험 AI 시스템이 초래하는 피해는 복수의 잠재적 책임 주체(제조사, 운영자, 사용자, 알고리즘 개발자 등)를 포함하며 기술적 오작동 여부를 명확히 확인하기까지 상당한 시간이 소요된다. 이로 인해 피해자는 보상까지 장기간 대기하거나 과도한 소송 비용과 절차적 장벽으로 인해 권리 구제를 포기하게 되는 현실적 문제가 발생한다.

이러한 문제에 대응하기 위해서는 책임이 확정되지 않은 상태에서도 피해자를 신속히 구제할 수 있는 별도의 준사법적 메커니즘이 필요하다. 예컨대 'AI 사고 분쟁 조정 기구' 또는 '신속 보상 심의위원회'와 같은 독립적 조정 · 심의 기관을 설치해, 기술 전문가, 법률가, 소비자 대표 등이 공동으로 사고 원인을 조사하고 1차적 보상 판단을 내리는 절차를 마련할 수 있다. 이는 의료 분쟁 조정 제도, 소비자 분쟁 조정 제도 등 기존 제도의 장점을 결합한 모델로서, 비송적 · 신속한 피해자 중심 구제 수단으로 기능할 수 있다.

보상 구조는 보상 기금 또는 AI 보험 체계로부터 우선 지급하고 이후 내부적으로 책임 귀속 결과에 따라 관련

당사자 간 구상 절차를 진행하는 방식이 타당하다. 이 구조는 피해자에게 우선적 회복을 보장하면서도 책임 주체 간 법적 정산을 뒤로 미루는 단계적 책임 분리 구조로, 사회적 수용성과 법적 안정성을 동시에 갖출 수 있다. 특히 고령자나 약자 보호가 중요한 돌봄 로봇, 자율주행 교통사고 등에서는 매우 유효하다.

기술적으로는 사고 당시 AI 시스템의 로그 기록, 운행 데이터, 센서 반응, 사용자 설정 내역 등 디지털 증거 자료를 실시간으로 수집 · 보존하는 체계가 병행되어야 한다. 이를 통해 객관적 증거 기반의 분쟁 판단이 가능해지고 조정 절차의 정당성과 투명성도 높아진다. 이 과정에는 블록체인 등 데이터 위 · 변조 방지 기술의 적용이 유용하며 AI 사고 대응 시스템의 핵심 인프라로 자리 잡을 수 있다.

제도적으로는 일정 규모 이상의 고위험 AI 제품 · 서비스에 대해 '신속 보상 체계 자동 등록'을 의무화하고, 사용자에게 관련 제도에 대한 명시적 설명과 동의 절차를 강화할 필요가 있다. 이를 통해 피해 발생 시 혼란을 줄이고 시민의 권리 보장과 기업의 사회적 책임 이행을 동시에 유도할 수 있다. 신속 보상 제도는 단순한 분쟁 해결 도구가 아니라 AI 기술의 신뢰성과 시장 수용성을 제고하는 핵심 장치이기도 하다.

결국 책임이 확정되지 않았다고 해서 피해자가 구제받지 못하는 구조는 기술 사회에 적합하지 않다. 신속한 피해 구제 메커니즘은 AI 사회의 기본 인프라이며, 법적 정의와 기술적 효율성을 동시에 만족시키는 새로운 제도의 핵심이 된다.

08
피지컬 AI의 안전성 인증 및 허가 제도

피지컬 AI는 사람과 직접 상호 작용하며 물리적 위해를 일으킬 수 있기 때문에, 출시에 앞선 국가 단위 안전 인증과 위험 등급별 차등 규제가 필요하다. 이를 위해 국제 표준과 조화된 기준, 부처 간 통합 조정 기구, 샌드박스의 안전성 관리, 고위험 기기에 대한 강화된 허가 절차가 요구된다.

AI와 인재 채용?

AI 기기의 사전 인증제 도입 필요성

피지컬 AI는 물리적 작동을 수반하기 때문에, 잠재적 위해 요소를 내포하고 있다. 자율주행차의 충돌, 돌봄 로봇의 강한 물리 접촉, 드론의 낙하 위험 등은 단순한 소프트웨어 오류 이상으로, 인명과 재산에 직접적인 영향을 줄 수 있다. 이에 따라 제조 이후 시장에 출시되기 전, 국가 차원의 안전성 사전 인증 절차가 필수적이다.

현재 우리나라의 대부분 피지컬 AI 기기는 산업 기계, 의료 기기, 전자 통신 기기 등 기존 법률에 따른 범용 인증을 받고 있으나 AI 고유의 판단 구조, 업데이트 능력, 자율성은 이들 법제가 충분히 반영하지 못하고 있다. 예컨대 돌봄 로봇은 의료기기법의 대상이 아닐 수 있고, 배달 로봇은 도로교통법의 빈틈에 존재한다. 따라서 AI 고유의 작동 구조와 위험 특성을 고려한 'AI 기기 전용 인증제'가 마련되어야 하며 이는 기존 인증 체계와 병행하는 방식으로 설계할 수 있다. 자율 판단 가능성, 상호 작용 강도, 예상되지 않은 시나리오에서의 대응 능력 등 새로운 기준이 필요하다.

해외에서도 유럽연합은 AI법에서 '고위험 AI 시스템'에 대해 사전 인증을 의무화하고 있으며 미국도 NIST를 중심으로 자율시스템의 위험 평가 기준을 마련 중이다.

우리도 국가기술표준원, 산업부, 국토부, 복지부 등 관련 부처가 공동으로 통합 인증 체계를 신설하는 것이 바람직하다.

또한 인증은 기술적 기준뿐만 아니라 개인 정보 보호, 알고리즘 편향 여부, 사이버 보안 취약성 등을 포함하는 '복합 위험 평가 체계'로 확대되어야 한다. 특히 돌봄 로봇이나 의료 보조 AI는 '사회적 위험' 평가도 포함해야 한다.

결론적으로 AI 기기의 사전 인증제는 '사고 발생 후 책임'에서 '사고 예방 중심'으로의 전환을 의미한다. 이는 AI 기술이 일상생활로 진입하는 시대의 최소한의 규범적 안전장치로 기능해야 하며 인증은 규제의 수단이 아니라 공공의 신뢰 인프라로 이해되어야 한다.

안전 기준 및 평가 항목의 국제 조화

AI 기술은 국가 간 경계를 넘나드는 글로벌 산업이다. AI 기기의 구성 요소인 센서, 모듈, 알고리즘, 네트워크 등 모두가 해외 기술과 공급망에 기반하는 경우가 많다. 따라서 국내 안전성 기준과 국제 표준 간의 조화를 확보하는 것이 기업의 수출 경쟁력과 소비자 안전을 동시에 확보하는 핵심 전략이 된다.

국제 표준화기구(ISO), 국제전기기술위원회(IEC) 등은 이미 AI 관련 표준화 작업을 적극적으로 추진 중이다. 특히 ISO/IEC JTC 1/SC 42는 국제 표준화기구(ISO)와 국제전기표준회의(IEC)가 공동 설립한 인공지능(AI) 분야의 국제 표준화 소위원회로, AI의 개념 정의, 데이터 품질, 신뢰성과 윤리, 거버넌스 및 시스템 수명 주기 등 전 영역에 걸쳐 표준을 개발한다. 2018년 출범 이후 SC 42는 전 세계 AI 기술의 호환성과 책임성을 확보하기 위한 핵심 기구로 기능하고 있으며 우리나라도 정회원국으로 참여해 국제 규범 형성에 관여하고 있다.

우리나라는 이를 국내 KS규격으로 수용하는 과정에 있으나 여전히 부처별 기준과 법률이 파편화되어 있어 표준 간 상충 문제가 발생하고 있다. 예를 들어 산업통상자원부의 기계 안전 기준과 복지부의 의료 기기 기준은 AI 융합 기기 앞에서 충돌할 수 있다.

따라서 안전 기준 설정에 있어 '기술 표준-법률 규제-인증 절차' 간의 일관성을 확보하기 위한 통합 로드맵이 필요하다. 법률은 표준을 참고하되, 강행 규정으로 전환할 수 있도록 입법 전략을 마련해야 하며 인증 기관 간 협의체 운영도 필수적이다.

특히 소형 AI 기기(배달 로봇, 드론 등)의 경우, 평가

항목을 경량화하고 인증 기간을 단축하는 유연한 기준도 도입되어야 한다. 반면 고위험 기기(자율주행차, 의료 로봇 등)는 알고리즘 검증, 시나리오 기반 위험 분석, 실증 데이터를 포함한 정밀한 기준이 요구된다.

국제 조화는 단지 규제 완화가 아니라, 규제의 합리화와 예측 가능성 제고를 위한 것이다. 기술 기업, 수출 기업, 소비자 모두를 위한 '공통 언어'로서 안전 기준이 기능할 수 있도록 법과 기술의 상호 작용 구조를 정비해야 한다.

위험 등급 분류 체계와 차등 규제 방식

AI 기기의 안전성은 사용 환경과 용도에 따라 위험 수준이 크게 달라지므로, 규제 역시 일률적으로 적용할 수 없다. 예를 들어, 가정용 AI 스피커와 병원용 수술 로봇은 사고 발생 시 인명 피해의 위험성이 전혀 다르며, 이에 따라 위험 기반 등급 분류(Risk-Based Tier System)를 통한 차등 규제가 필요하다.

유럽연합 AI법은 AI를 위험 수준에 따라 금지, 고위험, 일반, 최소 위험의 4단계로 구분하며, 피지컬 AI 역시 물리적 접촉 가능성, 공공 공간 운행 여부, 오작동 시 치명도 등을 기준으로 등급화할 수 있다. 고위험 등급(A등급)에는 사전 인증, 정기 점검, 사고 보고 의무를 부과하고 중간 위험(B등급)에는 기술설명서 제출과 보안 점검만 요구하는 방식이 대표적이다. 이를 통해 고위험 분야의 공공 안전을 확보하면서도 과도한 규제로 인한 산업 위축은 방지할 수 있다.

위험 등급은 기술적 위험뿐 아니라 사용자 특성(노약자, 아동 등), 환경 요인(혼잡 지역, 의료 시설 등), 운영 방식(원격 제어, 완전 자율)도 함께 고려되어야 하며 복합 위험 기기는 다층적 기준에 따라 평가되어야 한다. 이 분류는 인증뿐 아니라 보험요율, 보상 기준, 데이터 보호 수준 등에도 연계되어야 하며 기술·보험·법률 간 통합적 대응이 필요하다.

정교한 위험 기반 차등 규제는 자원의 효율적 배분, 산업계의 예측 가능성, 국민 수용성을 높이는 핵심 전략이다. 피지컬 AI의 보급이 가속화될수록 이러한 체계적 규제 설계가 제도 신뢰성과 기술 발전 간 균형을 이끄는 기반이 될 것이다.

산업통상자원부, 국토교통부, 과기정통부 간 조정 체계 마련

피지컬 AI는 산업, 교통, 통신, 복지 등 다수의 정부 부처가 관할하는 융합 기술이다. 자율주행차는 국토교통부 소관, 돌봄 로봇은 복지부 및 산업부, 드론은 국토부 및 과기정통부의 공동 영역이다. 이처럼 AI 기기의 안전성과 허가 제도는 부처 간 협력이 필수적이지만 현실은 중복 규제, 규제 사각, 정책 엇박자가 반복되고 있다.

가장 시급한 과제는 'AI 기기 총괄 조정 기구'의 설치다. 이는 기존의 스마트시티위원회나 헬스케어위원회처럼 부처 간 협의를 넘어서 실질적 권한을 가진 독립 기구여야 하며 안전 기준 통일, 인증 연계, 기술 지원 등의 기능을 통합 수행해야 한다. AI 등 신기술의 특성상 범 부처 거버넌스 체계는 무엇보다 중요한 정책적 과제다.

또한 부처별 이기주의를 막기 위해 공동 예산 편성, 통합 법령 마련, 유기적 데이터 공유 시스템을 구축해야 한다. 현재는 동일한 로봇이라도 어느 부처에서 심사를 받느냐에 따라 인증 기준과 처리 기간이 크게 달라지는 비효율이 발생하고 있다.

조정 기구는 기술 전문가, 법률가, 소비자 대표, 기업 실무자 등으로 구성된 전문위원회를 통해 정책 조율의 민주성과 실효성을 동시에 확보해야 한다. 특히 법률 정비와 기술 표준 연계를 담당할 법률위원회는 핵심 기능으로서 정착되어야 한다.

AI 기기의 기술 발전 속도가 빠른 만큼, 기존의 수직적 관료 구조로는 대응이 어렵다. 수평적 협력과 신속한 의사 결정이 가능한 거버넌스 구조를 법률로 제도화할 필요가 있다. 이는 단기 과제가 아니라 지속 가능한 규제 인프라 설계의 문제다.

결국, 부처 간 조정체계는 기술의 안전성과 산업의 혁신성을 모두 확보하기 위한 구조적 전제다. 책임 미루기와 사각지대 없는 체계를 만들기 위해, 조정 기능은 단순한 협의체가 아닌, '통합 권한을 가진 집행 기구'로 작동해야 한다.

실증 특례의 안전 검증 한계와 제도 개선

실증 특례(규제 샌드박스)는 신기술을 빠르게 실험하고 시장 진입을 허용하기 위한 수단으로 도입되었다. 피지컬 AI 역시 자율주행차, 배달 로봇, 드론 배송 등에서 실증 특례를 받아 상용화를 앞당기는 사례가 늘고 있다. 그러나 실증의 '속도'가 '안전'보다 앞서는 경우, 제도적 역기능이 발생할 수 있다.

실제로 일부 실증 특례는 안전 기준이 미비하거나, 사회적 검증이 부족한 상태에서 승인되어 논란이 발생했다. 또한 특례 기간 동안 사고 발생 시 책임 귀속이 불명확하고 피해자의 권리 보호도 제한되는 경우가 많다. 이처럼 실증 제도가 법제도의 우회 통로가 되어서는 안 된다. 따라서 규제 샌드박스는 예외가 아니라 '잠정적 검증 구간'으로 명확히 위치 지어야 하며, 승인 전 '사전 안전성 평가', 승인 중 '중간 검토', 승인 후 '영구 제도화 여부 평가'의 3단계 관리 체계가 필요하다. 임시 특례가 곧 정식 허가가 되도록 압박받아서는 안 된다.

또한 실증 구역, 시간, 사용자 범위를 제한해 위험을 통제하고 피해 발생 시 기금 또는 보험을 통한 즉시 보상 체계도 함께 작동되어야 한다. 이를 통해 위험 실험이 사회 전체의 부담이 되지 않도록 조치할 수 있다.

현재는 과기정통부, 국토부, 중기부 등 개별 부처에서 샌드박스를 운용하고 있으나 AI 기기의 경우 '공통 가이드라인'이 마련되어야 하며 위험 등급에 따라 특례 승인 여부를 차등화해야 한다. 위험이 높은 기기는 규제 면제보다 '규제 완화 후 평가 강화' 방식이 바람직하다.

요컨대 규제 샌드박스는 기술 촉진 수단이지만, 안전성과 책임 구조 없이 진행된다면 '제도 외 실험장'이 될 위험이 있다. 피지컬 AI는 물리적 피해 가능성이 있는 만큼 실증을 통한 제도화를 넘어 제도 안의 실증으로 전환되어야 한다.

09
피지컬 AI로 인한 프라이버시 침해 문제

민감 정보는 기술 발전의 부산물이 아니라, 개인의 삶과 정체성의 핵심이다. 피지컬 AI가 이러한 정보를 자율 수집하는 시대, 고지와 동의는 더욱 정교하고 실질적인 방식으로 재설계되어야 한다. 이는 개인 정보 보호의 마지막 방어선이기도 하다.

AI와 기자?

AI 로봇의 영상·음성 수집 기능과 동의 요건

피지컬 AI는 인간과 상호 작용하며 실시간으로 환경을 인식해야 하므로, 영상 · 음성 · 위치 등 다양한 개인 정보를 자동으로 수집한다. 자율주행차의 블랙박스, 배달 로봇의 주행 카메라, 돌봄 로봇의 음성 인식 시스템은 모두 정보 주체의 동의 없이 주변인의 민감 정보를 포착할 수 있다. 이는 기존의 정보 처리 방식과 전혀 다른, '비대면 · 비자발적 정보 수집'의 구조를 형성한다.

개인정보보호법상 영상 · 음성 수집은 명확한 고지와 동의를 전제로 해야 하지만, 물리적 AI는 장소를 옮겨 다니며 불특정 다수를 인식할 수 있기 때문에, 동의 요건 충족이 원천적으로 어렵다. 특히 공공장소에서의 AI 운용은, 개인이 사전 고지를 접하거나 동의할 기회조차 없는 경우가 대부분이다. 이로 인해 법적 공백과 사회적 반감이 동시에 발생하고 있다.

현행법은 '영상 정보 처리 기기'로서의 등록과 고지를 요구하지만 로봇은 기기 외관에서 이를 확인하기 어렵고 음성인식 기능은 더 은밀하게 작동한다. 이는 '투명성'의 원칙을 훼손하며 AI에 대한 신뢰 저하로 이어질 수 있다. 따라서 피지컬 AI의 경우, '수집 기능의 표시 의무'와 '주변 고지 장치' 등 새로운 기술적 조치가 필요하다.

또한 영상 · 음성 정보는 통상적인 개인 정보를 넘어 얼굴 인식, 목소리 특징 등 생체 정보로 연결되어 심대한 프라이버시 침해로 이어질 수 있다. AI가 이 정보를 학습하거나 저장하는 경우, 데이터가 다른 영역에서 재사용되는 위험도 존재한다. 따라서 '수집 금지 구역'이나 '비식별 처리 의무'의 강화가 필요하다.

법적으로는 이동형 AI 장치에 대한 별도 규정 마련이 시급하다. 현재의 개인정보보호법은 고정형 CCTV 중심으로 설계되어 있어 로봇 · 드론 · 자율차 등 이동형 센서 플랫폼에 적절히 대응하지 못하고 있다. 이처럼 기술적으로 명시적 동의가 어려울 경우, '상황적 동의(Contextual Consent)' 에 대해 고려할 필요가 있다. 상황적 동의란 특정 상황이나 맥락에 맞춰 동의를 받는 방식을 의미한다. 예를 들어 특정 웹사이트에서 쿠키 사용에 동의하는 것과 같이 사용자의 행동이나 상황에 따라 동의가 자동으로 설정되는 방식이다.

결론적으로, AI 로봇의 영상 · 음성 수집은 기술의 진화만큼이나 법의 진화가 필요한 영역이다. 동의라는 전통적 장치를 그대로 적용하기보다는 수집 제한 · 기능 고지 · 정보 최소화 등의 규범적 원칙을 중심으로 한 기술적 · 제도적 대안이 모색되어야 한다.

위치 정보 수집·전송의 법적 기준 및 규제

피지컬 AI는 지속적인 위치 추적을 통해 최적 경로 계산, 사용자 응대, 장애물 회피 등의 기능을 수행한다. 배달로봇, 자율주행차, 드론 모두 위치 정보 없이는 정상 작동이 불가능하다. 이 정보는 장치의 위치뿐 아니라 주변인의 행동 패턴, 생활 영역, 이동 동선 등 민감한 개인 정보로 이어질 수 있다.

현행 위치정보법은 개인의 위치 정보를 수집 · 이용 · 제공하려면 본인의 동의를 요구하며 위치 정보 사업자에 대한 등록과 규제를 정하고 있다. 그러나 피지컬 AI 기기의 경우, 사용자가 아닌 주변인 또는 제3자의 위치 정보가 자동 수집될 수 있어 본질적으로 비자발적 정보 처리라는 문제가 존재한다.

특히 AI 기기가 촬영과 위치 추적을 결합할 경우, 개인을 특정할 수 있는 수준의 정보가 생성되며 이는 법적 보호 수준이 한층 강화되어야 할 개인 정보로 평가된다. 예컨대 특정 시간대에 특정 아파트 단지에 접근한 로봇의 경로 기록은, 거주자의 생활 패턴을 유추할 수 있다.

이러한 문제를 해결하기 위해 위치 정보의 '일시적 수집 후 즉시 폐기' 원칙이 강화되어야 한다. AI 기기가 실시간 위치를 활용하되, 저장하지 않거나 비식별 상태로 전환해 축적되지 않도록 해야 한다. 또한 장기 저장 또는 제3자 전송의 경우, '개별 통지 및 동의' 절차를 반드시 거치도록 규정할 필요가 있다.

기술적으로는 사용자 중심의 위치 정보 관리 대시보드, 전송 이력 기록 장치, 익명화 기술의 의무화 등이 병행되어야 한다. 특히 AI 기기가 스스로 판단하고 데이터를 전송하는 구조에서는 데이터 흐름의 투명성을 확보할 수 있는 기술적 장치가 필수적이다.

결국 위치 정보의 법적 규율은 이동형 AI 시대의 핵심 인권 규범이다. 단순한 기술 규제가 아니라 사생활 보호와 감시 회피권 회복의 문제로 이해해야 하며 공공성과 편리성의 이름으로 위축되어서는 안 된다.

개인정보보호법과 배달 로봇·감시 로봇의 충돌 사례

개인정보보호법상 영상 정보 처리 관련 규정은 일정 요건을 갖춘 장치가 공공장소나 타인의 사생활을 촬영할 경우, 설치 목적과 촬영 범위, 보관 기간 등을 명확히 고지하도록 요구한다. 하지만 자율 이동형 로봇은 일시적으로 영상 정보를 수집하면서도 고정 설치물이 아니기 때문에 관련 규제를 회피하는 사례가 많다.

예컨대 도심에서 운행되는 배달 로봇은 충돌 방지와 보안 목적 등으로 전방 카메라를 항상 작동시키지만 이용자나 보행자에게 이 사실을 충분히 고지하지 않는 경우가 많다. 이는 개인정보보호법상 고지 의무, 운영 관리자의 명시, 열람 및 삭제 요청권 부여 등의 요건을 충족하지 못할 수 있다.

감시 로봇의 경우 더욱 문제가 된다. 특정 구역을 자동 순찰하면서 얼굴을 인식하거나 특정 행동을 탐지하는 기능을 가진 경우, 이는 실질적으로 '이동형 CCTV'로 간주될 수 있으며 공공 기관 운영이 아닌 민간 목적이라면 더욱 엄격한 규제가 필요하다.

이와 같은 충돌은 법의 기술적 후행성과 해석의 불명확성에서 기인한다. 개인정보보호법은 고정형 장치를 중심으로 설계되어 있어 자율이동체나 변위형 카메라 시스템에 대한 규율이 불완전하다. 이에 따라 '이동형 영상 기기'에 대한 정의와 별도 규정을 법률에 명문화할 필요가 있다.

또한 영상 정보의 용도 변경과 제3자 제공에 대한 사전 동의 규정도 강화되어야 한다. 현재는 수집 목적이 애매하거나 장치 제조사와 운용사가 다를 경우, 법적 책임이 분산되고 회피될 수 있다. 이를 방지하기 위해 영상 정보의 소유권, 보관 책임, 열람 통제권 등을 명확히 해야 한다.

궁극적으로 배달 로봇, 감시 로봇은 '보행 환경의 AI화'라는 새로운 문명적 전환의 일부이며, 이에 따른 법적 장치 역시 시대에 맞춰 진화해야 한다. 개인정보보호법의 개정은 기술 보호가 아니라 시민의 권리 보장을 위한 최소한의 대응이다.

로봇 AI의 인식·기억 기능과 사생활권

피지컬 AI는 단순히 환경을 인식하는 것을 넘어서, 사람의 얼굴 · 목소리 · 행동 패턴을 반복 학습하거나 저장할 수 있다. 이는 기술적으로는 '맞춤형 서비스'를 위한 발전이지만 법적으로는 '기억하는 기계'의 등장이 사생활 침해의 새로운 차원을 연다는 의미가 된다.

로봇이 특정 인물을 반복적으로 인식해 반응을 달리하거나 과거의 행위를 바탕으로 새로운 행동을 유도하는 경우, 이는 사실상 '인간을 분류하고 평가하는 행위'로 기능할 수 있다. 돌봄 로봇이 특정 고령자의 감정 상태나 복약 패턴을 기록하는 행위는 효율성과 동시에 위험성을 내포한다.

이러한 기억 기능이 AI 개발자의 의도 없이 발생하는

경우도 존재한다. 예를 들어, 사전 학습을 통해 형성된 편향이 로봇의 반응에 반영된다면 이는 사용자 입장에서는 '로봇이 나를 판단하고 기억하는 존재'로 인식될 수 있다. 이는 헌법상 사생활권 및 인격권과의 충돌을 야기한다.

기억 기능을 제한하기 위해, 일정 기간 이후 자동 삭제, 비식별화 저장, 수동 삭제 옵션 제공 등의 기술적 조치가 필요하다. 또한 AI 기기의 '기억 범위'를 사용자가 설정할 수 있도록 하는 법적 기준 마련도 요구된다. 이는 단순한 편의 기능이 아니라, 권리 통제권의 문제다.

법제적으로는 'AI 학습 데이터 삭제 요구권' 또는 'AI 시스템에 대한 개인 정보 삭제 청구권'을 도입해 인공지능이 특정 개인의 데이터를 과도하게 보유하거나 학습에 지속 활용하지 못하도록 제한할 필요가 있다. 이는 GDPR에서 보장하는 '잊힐 권리(right to be forgotten)'를 AI 시스템의 구조에 맞게 확장한 개념으로, AI 기술 통제의 핵심적 기반이 된다.

결국, 피지컬 AI의 인식 · 기억 기능은 기술적 편의성과 헌법적 권리 보호 사이의 균형을 요구한다. 개인은 로봇에게 '기억될 권리' 이전에 '기억되지 않을 권리'를 선택할 수 있어야 하며 이는 미래 사회의 핵심 권리 영역으로 떠오르고 있다.

민감 정보 자동 수집 시 명확한 사전 고지·동의 제도 필요

피지컬 AI는 사용자의 건강 상태, 위치, 감정, 생활 습관 등 민감한 정보를 비의도적으로 수집할 수 있다. 돌봄 로봇이 얼굴의 미세한 표정 변화를 통해 우울증 징후를 분석하거나, 스마트 휠체어가 이동 거리 · 시간을 분석하여 건강 상태를 추정하는 사례가 이에 해당한다.

현행 개인정보보호법은 민감 정보에 대해 원칙적으로 수집 금지를 규정하며, 예외적으로 수집할 경우 명확한 고지 및 서면 동의를 요구한다. 그러나 AI 장치가 '자동 판단'을 통해 정보를 생성 · 추론하는 경우, 사용자는 자신이 어떤 정보가 어떻게 수집되는지조차 인식하지 못할 수 있다.

따라서 민감 정보의 경우, 기존의 단순 고지 · 동의 방식으로는 충분하지 않으며, '구체적 정보 항목별 사전 설명', '정보 생성 가능성에 대한 예고', '수집 여부에 대한 선택권 제공' 등 강화된 고지 절차가 필요하다. 특히 의료 · 감정 · 위치 · 생활 패턴 관련 정보는 사전 점검 대상에 포함되어야 한다.

기술적으로는 AI 기기 내에 '수집 정보 확인 대시보드'나 '정보 사용 경로 추적 기능'이 탑재되어야 하며, 사용자가 실시간으로 확인하고 통제할 수 있는 구조가 요구된다. 이는 '정보 수집의 투명성' 확보를 위한 핵심 장치다.

법적으로는 '민감 정보 수집의 예외 허용 기준'과 '과잉 수집 방지 장치'를 구체화해 개발자와 운용자에게 명확한 준수 기준을 제시해야 한다. 또한 사후 감시 체계로서 개인정보보호위원회 또는 별도 감독 기구가 AI 기기의 수집 기능을 정기 점검해야 한다.

결론적으로 민감 정보는 기술 발전의 부산물이 아니라 개인의 삶과 정체성의 핵심이다. 피지컬 AI가 이러한 정보를 자율 수집하는 시대, 고지와 동의는 더욱 정교하고 실질적인 방식으로 재설계되어야 한다. 이는 개인정보 보호의 마지막 방어선이기도 하다.

10
피지컬 AI 규제 거버넌스

피지컬 AI는 고정된 법체계보다는 살아 움직이는 규범이 필요하다. 적응적 규제는 이 기술 사회의 유동성과 권리의 안정성 사이의 균형을 설계하는 새로운 헌법적 모형으로 기능할 수 있다.

AI와 미래 의사?

교통·안전·통신·프라이버시 등 이질적 규제 간 조정 필요성

피지컬 AI는 자율주행차, 배달 로봇, 드론, 돌봄 로봇 등 다양한 형태로 사회에 침투하고 있으며 각각의 작동 분야는 교통, 통신, 보건, 소비자 보호 등 여러 규제 영역에 걸쳐 있다. 문제는 이러한 규제들이 각각 독립적 법률과 기관에 의해 운영되고 있어 피지컬 AI가 종합적 위험을 초래하는 상황에 제대로 대응하지 못하고 있다는 점이다.

예컨대 자율주행차는 국토교통부 소관 도로교통법과 산업통상자원부의 자동차관리법, 경찰청의 도로 교통 단속, 개인정보보호위원회의 영상 정보 처리 규제 등 여러 법령이 동시에 적용된다. 이 과정에서 책임 소재가 분산되고 기술 기업은 중복 심사와 행정 낭비에 직면하게 된다.

프라이버시 보호 측면에서도 문제는 복잡하다. 영상 수집과 위치 추적은 방송통신위원회, 개인정보보호위원회, 과학기술정보통신부가 각기 다른 기준을 적용하고 있어 AI 기술 기업이 법령을 모두 충족하기 위해 소극적 기술 개발이나 회피 전략을 선택할 가능성도 존재한다.

이러한 복잡한 규제 환경은 기술 발전을 가로막을 뿐 아니라 시민의 권익 보호에도 오히려 허점을 만든다. 규제 간의 충돌로 인해 법적 공백이 발생하거나 기관 간 책임 미루기로 피해자 구제가 지연되는 경우가 있다. 특히 실시간 위험에 대응해야 하는 피지컬 AI 분야에서는 규제의 신속성과 일관성이 중요하다.

따라서 피지컬 AI 관련 규제는 수직적 기관 간 조정만이 아니라 규범 내용의 통합이 필요하다. 위험 중심의 단일 프레임워크에서 교통, 통신, 개인 정보, 안전 기준이 '종단형으로 연결'되어야 하며 이를 위한 통합 법제 및 가이드라인이 마련되어야 한다.

결국 이실석 규세의 조정은 행징 편의의 문제기 아니라, 법적 안정성과 기술 혁신 간의 균형을 확보하기 위한 핵심 인프라다. 피지컬 AI는 물리적 현실에서 작동하는 기술인 만큼 현실과 법의 단절을 최소화할 수 있는 종합 거버넌스 모델이 반드시 요구된다.

피지컬 AI 전담 감독 기구 또는 조정위원회 신설 논의

현재 피지컬 AI는 여러 부처에 의해 분산 관할되고 있으며 이에 따른 정책 엇박자, 기술 기준의 혼선, 제도화 지연 등의 문제가 반복되고 있다. 이를 해결하기 위해 제기되고 있는 것이 피지컬 AI에 특화된 전담 감독 기구 또는 조정위원회의 신설이다. 이는 단순한 '협의체' 수준이 아닌, 실질적 규제 권한을 가진 중추적 거버넌스를 의미한다.

이 기구는 산업부, 국토부, 과기정통부, 복지부, 경찰청, 개인정보보호위원회 등 관련 부처의 협의를 넘어선 '수평적 통합'을 전제로 한다. 기존 규제의 연결점을 마련하고, 중복 규제를 조정하며 위험 분석과 법령 제·개정까지 총괄할 수 있는 기능을 갖추어야 한다.

유사 사례로 Centre for Data Ethics and Innovation(CDEI)는 2018년 영국 정부가 설립한 독립 자문 기구로, AI와 데이터 기술의 윤리적 활용을 위한 정책 자문과 연구를 수행해 왔다. 그러나 2023년 이후 정부 조직 개편에 따라, CDEI는 과학·혁신·기술부(DSIT) 산하에 통합되어 정부 내부의 정책 윤리 기능으로 전환되었으며 독립 위원회 형태는 종료되었다. 현재는 DSIT의 정책 실행 조직 일부로서 데이터 윤리와 책임 있는 AI 개발에 관한 실무적 지원과 정책 설계를 수행하고 있다. 일본은 디지털청을 통해 AI 및 정보 정책의 일원화 작업을 진행하고 있다. 우리나라도 독립성과 전문성을 갖춘 피지컬 AI 조정기구 설립을 고려할 필요가 있다.

해당 기구는 단기적 정책 조정뿐 아니라 장기적 기술 위험 분석과 인권 영향 평가, 법령 체계의 정합성 점검까지 수행해야 한다. 특히 실증 사업과 규제 샌드박스를 통한 기술 실험이 일상화된 지금, 이를 정책으로 환류하고 제도화하는 중추적 기능이 절실하다.

운영 측면에서는 학계, 산업계, 시민 사회, 법조계 전문가가 참여하는 '개방형 거버넌스'를 구성해야 하며, 상설위원회 형태로 제도화되어야 한다. 기구는 독립성과 실행력을 확보하기 위해 국무총리 산하 혹은 대통령 직속 형태가 바람직하다.

결국 피지컬 AI는 단순히 기술적 기계가 아니라, 새로운 공공성을 요구하는 사회 인프라다. 이를 관리하는 전담 기구 역시 '기술-권리-사회'를 종합적으로 보는 통합 시각을 기반으로 작동해야 한다.

규제 샌드박스의 한계를 넘는 상설 규제 체계의 필요

규제 샌드박스는 신기술의 조기 실증과 시장 진입을 위한 유연한 제도로서, 피지컬 AI 분야에서 활발히 활용되고 있다. 그러나 샌드박스는 본질적으로 일시적이고 예외적인 규정 면제 조치에 불과하며 법적 안정성을 담보하지 못하는 구조적 한계를 내포하고 있다.

현재 자율주행차, 배달 로봇, 의료 로봇 등은 규제 샌드박스를 통해 한정된 공간에서 운행되고 있지만 상용화 과정에서 법령 정비가 미비해 제도화로의 연결이 끊긴 사례가 많다. 예외 승인 상태가 길어지면 시민은 지속적 불확실성에 노출되고 피해 발생 시 책임 귀속도 불분명해진다. 따라서 규제 샌드박스를 '예외에서 제도화로의 전이 구간'으로 명확히 규정해야 한다. 이를 위해 실증 사업 결과를 제도 설계에 반영할 수 있는 제도 환류 메커니즘과 평가위원회의 독립성 확보가 필수적이다. 실증의 결과가 표준이 되기 위해선 법령 자체가 실증에 기초해야 한다.

상설 규제 체계는 기술 변화에 신속히 대응할 수 있는 '유연한 입법 구조'를 가져야 하며, 기술 위험 기반 규율, 책임 구조 명시, 권리 보호 수단 등을 포함하는 별도의 AI 관련 모법 제정이 필요하다. 기존 도로교통법, 의료기기법, 산업안전보건법 등에 단편적으로 삽입하는 방식은 더 이상 한계에 도달해 있다.

또한 상설 규제 체계는 시민 참여와 투명성 보장을 기반으로 운영되어야 한다. 사회적 검증을 거치지 않은 기술 실험이 공공 공간에서 이루어지는 상황을 방지하고 피지컬 AI가 공공성과 책임성을 갖춘 기술로 자리 잡을 수 있도록 제도적 기반을 갖춰야 한다.

결국, 규제 샌드박스는 출발선일 뿐, 도착지는 '상설 규범 체계'다. 그 체계는 신기술에 대한 규제 완화를 넘어 사회적 통제를 전제로 한 공적 제도의 구축이라는 방향성을 가져야 한다.

산업계, 시민 사회, 학계가 참여하는 공공 거버넌스 모델

피지컬 AI의 통합 규제는 단지 정부 기관의 법령 제정이나 감독 권한만으로는 부족하다. 기술은 시민의 삶을 재구성하고 있으며 특히 AI 로봇의 경우 보행권, 프라이버시, 정보 접근권, 감정 노동 대체 등 다양한 사회적 영향을 초래한다. 따라서 공공 거버넌스는 필연적으로 다중 이해관계자의 협치를 필요로 한다.

산업계는 기술 구현과 시장 확대의 당사자로서 기술적 제약과 현장 애로를 명확히 제시할 수 있으며 시민 사회는 사용자 권리, 사회적 영향, 소외 계층 문제를 제기할 수 있다. 학계는 장기적 정책 방향, 윤리적 기준, 국제 규범과의 정합성을 확보하는 역할을 수행한다.

이러한 3자 구조는 단기적 입법 작업에 그치지 않고, 정책 방향 설정, 기준 수립, 분쟁 조정, 실증 평가 등에서 지속적 참여를 통해 정책 형성과 시행 사이의 간극을 좁

힐 수 있다. 특히 법령에 근거한 공식 거버넌스 위원회 설립이 중요하며 단순 자문 기구가 아닌, 의결권과 제안권을 부여할 필요가 있다.

이 모델은 또한 지역 사회 수준에서도 작동해야 한다. 배달 로봇, 자율주행 셔틀, 감시 로봇 등은 실제로 도시 공간과 지역사회에서 운행되므로, 지자체 · 지방 의회 · 시민 단체의 참여를 보장하는 분산형 거버넌스 구조도 병행되어야 한다.

정보의 비대칭을 해소하기 위한 정책 소통, 시민 대상 리터러시 교육, 피드백 창구의 실효적 운영 또한 핵심이다. 거버넌스는 기술 통제의 수단이 아니라, 사회적 공론의 장이자 민주적 규범 설계의 플랫폼이 되어야 한다.

따라서 공공 거버넌스는 피지컬 AI의 위험을 완화하고 기회를 극대화하는 가장 핵심적인 장치로 기능해야 하며 이는 규제가 아닌 사회적 계약의 방식으로 제도화되어야 한다.

기술 변화에 유연하게 대응하는 적응적 규제 설계

전통적인 법 제도는 기술의 발전 속도를 따라가지 못하고 경직된 규범은 새로운 위험에 유효하게 대응하지 못하는 경우가 많다. 특히 피지컬 AI는 실시간 환경 변화, 알고리즘 업데이트, 기계의 자율 판단 등 고도의 예측 불가능성을 동반하므로 유연한 규제 모델이 필요하다. 이를 위해 제안되는 것이 바로 '적응적 규제(adaptive regulation)'다. 적응적 규제는 사전 규율보다 사후 점검과 지속적 조정을 중시하는 방식이다. 법령이 고정된 기준을 제시하기보다는 규제 기관이 기술 실태에 따라 조건을 조정하거나 운영 기준을 가변적으로 설정할 수 있는 여지를 두는 구조다.

예컨대 AI 로봇이 새로운 기능을 추가하거나 업데이트될 경우, 기존 인증을 자동으로 폐기하는 것이 아니라 소프트웨어 변경 범위에 따라 추가 심사 여부를 판단할 수 있는 '조건부 인증' 체계를 마련할 수 있다. 기술의 역동성에 따라 규제가 따라 움직이도록 설계하는 방식이다.

또한 법률 외에도 '기술 가이드라인', '위험 기준표', '공공 기준 API' 등의 정책적 수단을 통해 시장과 규제 당국 사이의 예측 가능성과 신뢰를 확보할 수 있다. 이들은 업데이트 가능한 동적 문서로서, 기술 변화에 빠르게 반응할 수 있다.

적응적 규제는 단지 기업 편의 중심이 아니라, 시민 권리 보호를 위한 조건적 유예, 점검, 피드백 메커니즘과 함께 작동할 때만 그 정당성을 가진다. 규제 기관은 위험 징후를 사전에 모니터링하고 경고 체계나 개선 명령을 통해 능동적으로 개입할 수 있어야 한다.

결론적으로 피지컬 AI는 고정된 법체계보다는 살아 움직이는 규범이 필요하다. 적응적 규제는 이 기술 사회의 유동성과 권리의 안정성 사이의 균형을 설계하는 새로운 헌법적 모형으로 기능할 수 있다.

김윤명

디지털정책연구소(DPI) 소장이다. 남도의 니르바나, 땅끝 해남에서 태어났다. 광주 인성고등학교와 전남대학교 문헌정보학과를 졸업하고 경희대학교에서 지식재산법을 전공해 박사학위를 받았다. 현재 세종사이버대학교에서 정보보호학을 공부하고 있다. 네이버에서 정책수석을, 소프트웨어정책연구소(SPRi)에서 소프트웨어와 인공지능 법제 연구를, 국회에서 보좌관을 맡아 입법과 정책을 다루었다. 이재명 경기도지사 캠프와 인수위인 새로운경기위원회 그리고 이재명 대통령후보(20대, 21대) 캠프에서 활동했다. 대통령소속 국가지식재산위원회 AI-IP 특위에서 AI 시대에 변화하는 지식재산의 지형을 함께 그렸다. 경희대학교 법무대학원에서 '인공지능법'을, 전남대학교 데이터사이언스대학원 '데이터사이언스 법과 윤리'를 강의하며 다음 세대를 준비하고 있다. 《블랙박스를 열기 위한 인공지능법》은 교육부 우수학술도서로, 《게임법》, 《게임서비스와 법》, 《인터넷서비스와 저작권법》은 문화체육관광부 세종도서(우수학술도서)로 선정되었다. 시를 짓고 사진을 찍는다. 두 아이의 강하중학교에서 발간한 시집 《나에겐 비도 맛있다》에 몇 편의 시를 담았다. 아내와 아이들 그리고 시고르자브종 리카와 밴, 동네 골목, 바람과 하늘, 꽃과 나무 등 세상의 모든 숨결이 렌즈에 깃든다. 사람들의 짠하고도 아심찬한 풍경을 기록한다. 시집을 내고 사진 갤러리를 여는 것이 꿈이기도 하다. 집안에 '도서관N'을 세웠다. 정사서 1급 자격증을 가지고 있지만 도서관장은 아내다. 'N'은 네이버와 한게임의 합병법인 NHN(Next Human Network)에서 따온 'Next'를 의미한다. "도서관엔(N) 뭐가 있을까? 도서관엔(N) 길이 있지! 도서관 다음엔(N) 뭘 만들지?" 이런 장난스런 물음 속에 세상을 향한 다음 걸음을 품는다. 언젠가 모두를 위한 더 큰 도서관N을 짓겠다는 꿈을 품고 있다. AI를 비롯한 디지털 법제와 정책을 연구하기 위해 양평에 '디지털정책연구소'를 세웠다. 인연은 digitallaw@naver.com을 통해 이어질 수 있다.